心に火を灯す

賢人の名言

はじめに

私たちをとりまく環境は日々変化し、便利で快適な生活がもたらされる一方、悩みや苦しみは絶えることがありません。

本書では、日々の悩みを和らげる古今東西の名言を紹介しています。時間という荒波を乗り越え、私たちに語り伝えられている名言には特別な力があります。迷っているとき、そっと背中を押してくれる。落ち込んでいるとき、気持ちに寄り添ってくれる。どんな状況に直面しているかによって、さまざまな役割を果たしてくれるでしょう。

ページをめくるほどに、気持ちを前に、顔を上に向けられる言葉との出会いがありますように。

Contents

007 chapter 01
勇気が湧いてくる

031 chapter 02
心を癒す

055 chapter 03
情熱が持続する

079 chapter 04 感謝があふれる

103 chapter 05 希望がかなう

127 chapter 06 意志が磨かれる

151 chapter 07 人生が輝く

・本書は特に明記していない限り、2018年9月20日現在の情報に基づいています。
・本書の編集にあたり、各種の書籍、資料、ウェブサイト等を参考とさせていただきました。
・出典については可能な限り、表現者名、出典名等を明記しましたが、掲載した書籍以外でも記述され、異なる表現がある場合もあります。
・旧仮名づかいを現代仮名づかいに変更したり、句読点を足したりしているケースもあります。
・作品の一部から抜粋、または途中の一部を省略している場合があります。
・翻訳された名言は、複数の書籍や資料を参考に、表現をわかりやすくしたものがあります。
・肩書きの国名は、当時の国名のままにしたものと、現在の国名に置き換えたものがあります。

chapter

01

勇気が湧いてくる

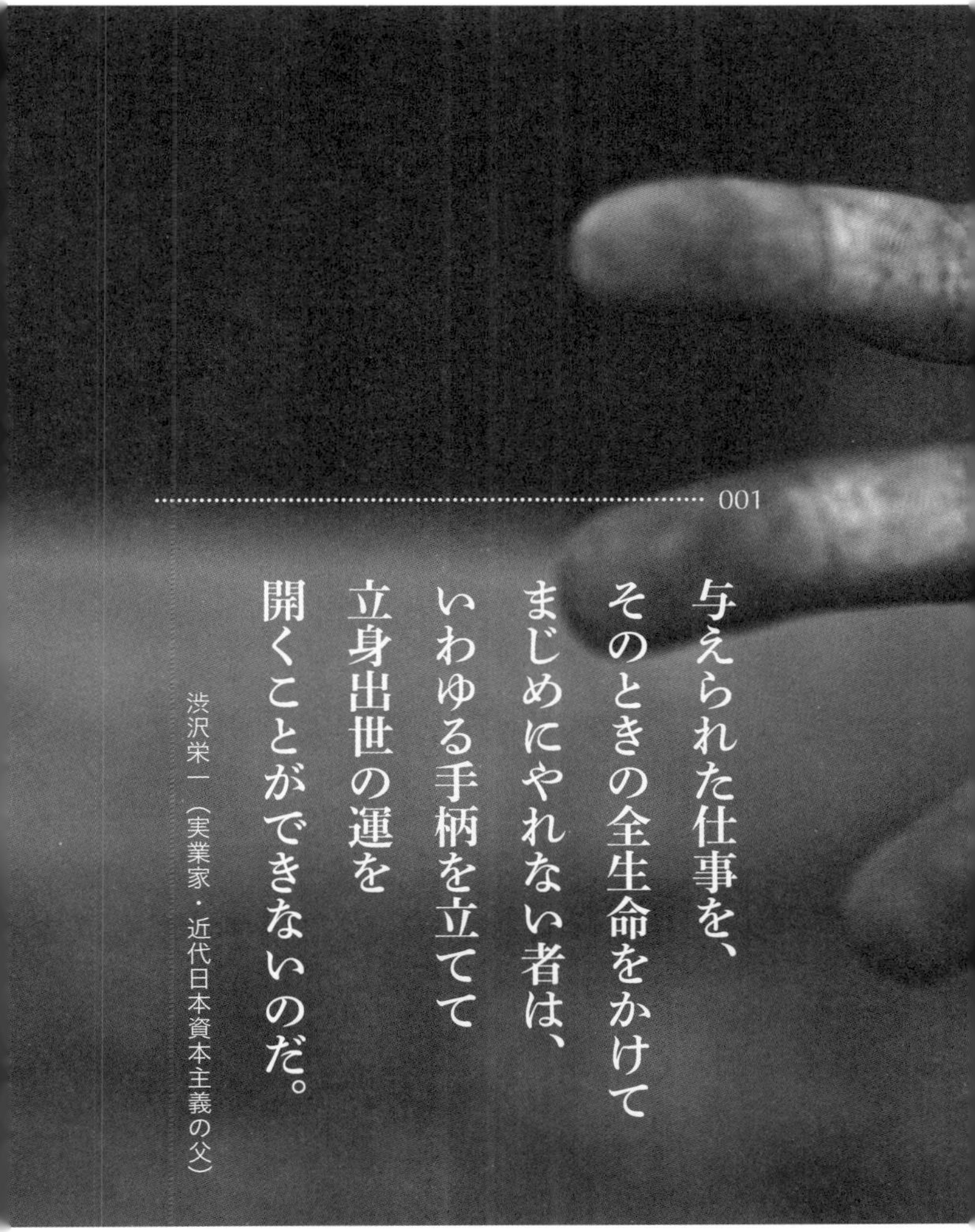

001

与えられた仕事を、
そのときの全生命をかけて
まじめにやれない者は、
いわゆる手柄を立てて
立身出世の運を
開くことができないのだ。

渋沢栄一（実業家・近代日本資本主義の父）

002

楽な人生を願い求めるな。より強い人間になれるよう、願うんだ。

ジョン・F・ケネディ（アメリカの大統領）

人生は楽しいことも多いが、つらいことも多い。むしろ、つらいことのほうが多いのではないかとさえ感じる。平穏な毎日を望むのは自然なことだが、そこから逃げ出すよりも、どう乗り切っていくかを考えたほうが、前向きに生きられる。

003

「これがどん底だ」など言っている間は、まだどん底に落ちきってはいない。

ウィリアム・シェイクスピア（イギリスの劇作家）

本当に可能性はゼロなのか。本当にこれ以上手段はないのか。「もう駄目だ」と感じた時にこそ、落ちついて自分自身に問いかけてみよ。

004

忍耐は苦いが、その実は甘い。

ジャン＝ジャック・ルソー（フランスの哲学者）

005

生きるとは、呼吸することではない。行動することだ。

ジャン＝ジャック・ルソー（フランスの哲学者）

当たり前のことを当たり前のようにやるのではなく、工夫したり、目標を立てたりするだけで、あなたの目の前の景色は変わる。

006

成功の方法は、成功することができなかった人にしかわからない。

未詳

007

下足番を命じられたら、
日本一の下足番になってみろ。
そうしたら、
誰も君を下足番にしておかぬ。

小林一三《いちぞう》（実業家・阪急電鉄、宝塚歌劇団創業者）

「どうせ自分なんて」と嘆いても仕方がない。「あいつは運がいいから」などと、うらやんでも仕方がない。他人を引き合いに出して、自分ができていないことの理由にするな。悔しさをエネルギーに変えるのだ。忘れた頃に、成功は必ずやってくる。

008

過ぎたことで心を煩《わずら》わせるな。

ナポレオン・ボナパルト（フランスの皇帝）

失敗をした時、落ち込むのは当然のこと。しかし、忘れてはいけない。いつまでもそこにいても、何も変わらないことを。

009

準備をしておこう。チャンスはいつか訪れるものだ。

エイブラハム・リンカーン（アメリカの大統領）

010

夢なき者に理想なし、
理想なき者に計画なし、
計画なき者に実行なし、
実行なき者に成功なし。
ゆえに、夢なき者に成功なし。

吉田松陰（幕末の思想家）

子どもの頃には「夢を見ろ」と言われ、大人になると「夢みたいなことを言って」とバカにされる。バカにされるくらいなら、バカになれ。バカになって、バカを見返してやれ。自分の人生だ、恥ずかしがることなどない。後で悔しがるのは自分だ。

011

私は失敗したことがない。一万通りのうまくいかない方法を発見しただけだ。

トーマス・エジソン（アメリカの発明家）

回り道をしたのではない、普段見れないものを見たのだ。いいことが起こらないのではない。いいことが起こる前の、よくないことをすべて経験しているのだ。物事はひとつ。どう捉えるかは自分次第。

012

敵を知り、己を知れば、百戦危うからず。

孫子（中国の兵法家）

自分の力を信じるだけでは勝てない。冷静に相手を分析し、自分を客観的に見つめることで、今行わなければならないことが見えてくる。自分の敵は自分。

013

チャンスが二度も扉を叩くと考えるな。

セバスチャン・シャンフォール（フランスの劇作家）

014

人生で最も偉大な栄光は、
転ばないことではない。
転ぶたびに起き上がることにある。

ネルソン・マンデラ（南アフリカの大統領）

負けたことがある人は強い。ある人は、悔しさを知っているから。ある人は、地獄を知っているから。ある人は、それでも進む理由を持っているから。負けることは恥ではない。負けたことがないことを格好いいと思っていることが、恥なのだ。

015

笑われて、
笑われて、
つよくなる。

太宰治（小説家／『HUMAN LOST』）

016

君の思うがままに生きよ。

未詳

たとえ他人に理解されなかろうと、馬鹿にされようと、自分自身を信じて進め。信じて進むことこそが、成功への鍵となるのだから。

017

私はこの自己本位という言葉を
自分の手に握ってから
大変強くなりました。
彼ら何者ぞやと気概が出ました。

夏目漱石（小説家／『私の個人主義』）

018

あきらめない奴には、誰も勝てない。

ベーブ・ルース（アメリカのプロ野球選手）

成功する前にやめるな。地道に努力を続けることが大切なのだ。振り返らず、まっすぐ進め。

019

才能とは、自分自身を、自分の力を信じることだ。

マクシム・ゴーリキイ（ロシアの作家）

020

信念は人を強くする。
疑いは活力を麻痺させる。
信念は力である。

フレデリック・ロバートソン（イギリスの聖職者）

不安が頭をよぎり始めると、それまで気にならなかったことまで気になり出してしまう。そんなことに頭と時間を使うくらいなら、成功について考えたほうがいい。うまくいくかいかないかなんて、やってみないとわからない。

021

私は冷かな頭で
新《あた》らしい事を口にするよりも、
熱した舌で
平凡な説を述べる方が
生きていると信じています。

夏目漱石（小説家／『こころ』）

根拠や理屈で語っても、人は動かない。人は心を持った動物だ。いかに自分がそれを為したいか、いかに情熱を持って臨んでいるかを、相手の顔を見ながら丁寧に伝えるほうが、よっぽど伝わる。

022

今日なし得るだけのことに
全力を尽くせ。そうすれば、
明日は一段の進歩があろう。

アイザック・ニュートン（イギリスの科学者）

立場をわきまえよ。今あなたは、意見できるステージにさえ立てていない。四の五の言わずに、全力で取り組め。結果を出せ。話はそれからだ。

023

風からも光る雲からも
諸君にはあたらしい力が来る。

宮沢賢治（詩人・童話作家／『ポラーノの広場』）

024

逆境にある人は常に「もう少しだ、もう少しだ」と思って進むがよい。いずれの日か、前途に光明を望むことを疑わない。

新渡戸稲造（教育者／『修養』）

物事は中ほどが一番つらい。最初は夢や希望に満ちあふれているけれど、あれやこれやと思いがけないことが起こるうちに、次第に縮こまってしまうからだ。ただ、落ち着いて考えてみよう。やめることは、いつでもできるのだ。

025

もし夢を売っていたら、あなたはどんな夢を買いますか？

トーマス・ロベル・ベドス（イギリスの詩人）

026

良い料理を作ることは人生を明るくします。

北大路魯山人（芸術家／『魯山人美食の名言』）

好きなことをしよう。難しいことは考えなくていい、人間は理屈じゃない。寝て起きただけでも、考えが変わってしまうのだから。

027

今日まで自分を導いて来た力は、明日も自分を導いてくれるだろうと思う。

島崎藤村（作家／『新生』）

もちろん、それは自分自身の努力の結果だろう。しかし、忘れてはいけない。新たな目標に向かう前に、支えてくれたすべての人たちに感謝しよう。

028

人の世に道はひとつということはない。道は百も千も万もある。

坂本龍馬（土佐藩郷士）

029

大地を一歩一歩踏みつけて、
手を振って、いい気分で、
進まねばならぬ。
急がずに、休まずに。

志賀直哉（小説家／『暗夜行路』）

人生とはマラソンのようなものだ。焦る気持ちもわかる。比べたくなる気持ちもわかる。でも、自分の人生だ。歩幅は皆違う。成功の形もタイミングも、人それぞれだ。決して楽ではないが、走り続ける限り、ゴールは必ずやってくる。

030

自分の前に
敵がいっぱいあらわれた時は、
振り返って見よ。
味方がいっぱいいるものだ。

生田《いくた》長江《ちょうこう》（評論家）

031

もし、この世に喜びしかなかったら、私たちは決して勇気を出したり我慢したりしないでしょう。

ヘレン・ケラー（アメリカの社会福祉活動家）

苦労を知っているからこそ、成功の価値がわかる。成功の価値がわかるからこそ、努力する。努力は耐えることではない。成功を味わうためのスパイスだ。

032

国に対して何を望むかよりも、自分が国に何ができるかを考えるべきである。

ジョン・F・ケネディ（アメリカの大統領）

他人に頼るな。他人のせいにするな。すべて自分が選んだ道だ。変わらないなら、その手で変えてみよ。

033

この世にあるもので、一つとして過ぎ去らないものは無い、せめてその中で、誠を残したい。

島崎藤村（作家／『新生』）

君、弱い事を言ってはいけない。
僕も弱い男だが
弱いなりに死ぬまでやるのである。
やりたくなくったって
やらなければならん。

夏目漱石（小説家／『定本　漱石全集　第二十二巻』
明治三十九年十月二十一日　森田草平宛書簡）

035

仕事をする時は上機嫌でやれ。そうすれば、仕事もはかどるし身体も疲れない。

アドルフ・ワグナー（ドイツの経済学者）

すべてのことに、全力で臨める人などいない。だから、自分に嘘をついてやる気にさせるのだ。真面目でないことは、手抜きではない。やわらかく考えるということだ。

036

人間が想像できることは、人間が必ず実現できる。

ジュール・ヴェルヌ（フランスの小説家）

どんなに素晴らしいアイデアも、どんなに素晴らしい芸術作品も、すべて人間が生み出したもの。自分だって人間だ。まずは100分の1でいい。自分のものにするのだ。

037

意思のあるところに道はできる

（英語のことわざ）

038

仕事が変わったら、すでに10年この仕事をやっているんだという顔をしろ。

盛田昭夫（実業家・ソニーの創業者）

自信がある人などいない。皆、自分に自信があると思い込んでいるだけだ。だが、それでいい。白鳥のように水面下ではバタバタしながらも、涼しい顔をして振る舞っているうちに、本当の自信がついてくる。

039

サラリーマンに限らず、社会生活において成功するには、その道でエキスパートになることだ。ある一つのことについて、どうしてもその人でなければならないという人間になることだ。

小林一三《いちぞう》（実業家・阪急電鉄、宝塚歌劇団創業者）

040

真の勇気は、極端な臆病と向こう見ずの中間にいる。

ミゲル・デ・セルバンテス（スペインの作家）

041

天賦の才能がないといっても
悲観すべきではない。
才能がないと思うのならば、
それを習得すればいいのだ。

フリードリヒ・ニーチェ（ドイツの哲学者）

042

幼にして謙遜なれ
弱にして温和なれ
壮にして公正なれ
老いては慎重なれ

ソクラテス（古代ギリシャの哲学者）

幼い時は謙虚に学べ。青年になったら、腕っぷしではなく優しさを力に。大人になったら偏りなくまわりの声に耳を傾け、年をとったら心にゆとりを持って行動せよ。常に人は、自分を律して生きることが大切。

043

上達するには、好きという気持ちがあること、器用であること、そしてたゆまず努力すること。この3つが必要である。

千利休（茶人／「利休百首」）

044

勝たんと打つべからず。負けじと打つべきなり。

吉田兼好（随筆家／『徒然草（第一一〇段）』）

欲が出ると、うまくいくはずのものもうまくいかなくなる。自分の頑張りを認めない他人に文句を言う前に、我を忘れるくらい全力で取り組め。

045

どんな芸術家でも、最初は素人だった。

ラルフ・W・エマソン（アメリカの思想家）

木は最初から大木ではなかったし、川は一粒の雨だった。あなたという赤ん坊も、ここまで立派に育ったのだから、その手にある夢の種も必ず咲く。

046

千日の稽古を鍛とし、万日の稽古を錬とす。能々《よくよく》吟味有るべきものなり。

宮本武蔵（剣術家／『五輪書《ごりんのしょ》』）

047

「若さ」の前に不可能も無ければ、陰影も無い、それは一切を突破する力であり、一切を明るくする太陽である。

与謝野晶子（歌人／『愛の創作』）

何かに挑戦するのに、年齢は関係ない。年を重ねるごとに必要となるエネルギーは何倍にも増えるが、やってやれないことはない。そう考えられることが、若さだ。

048

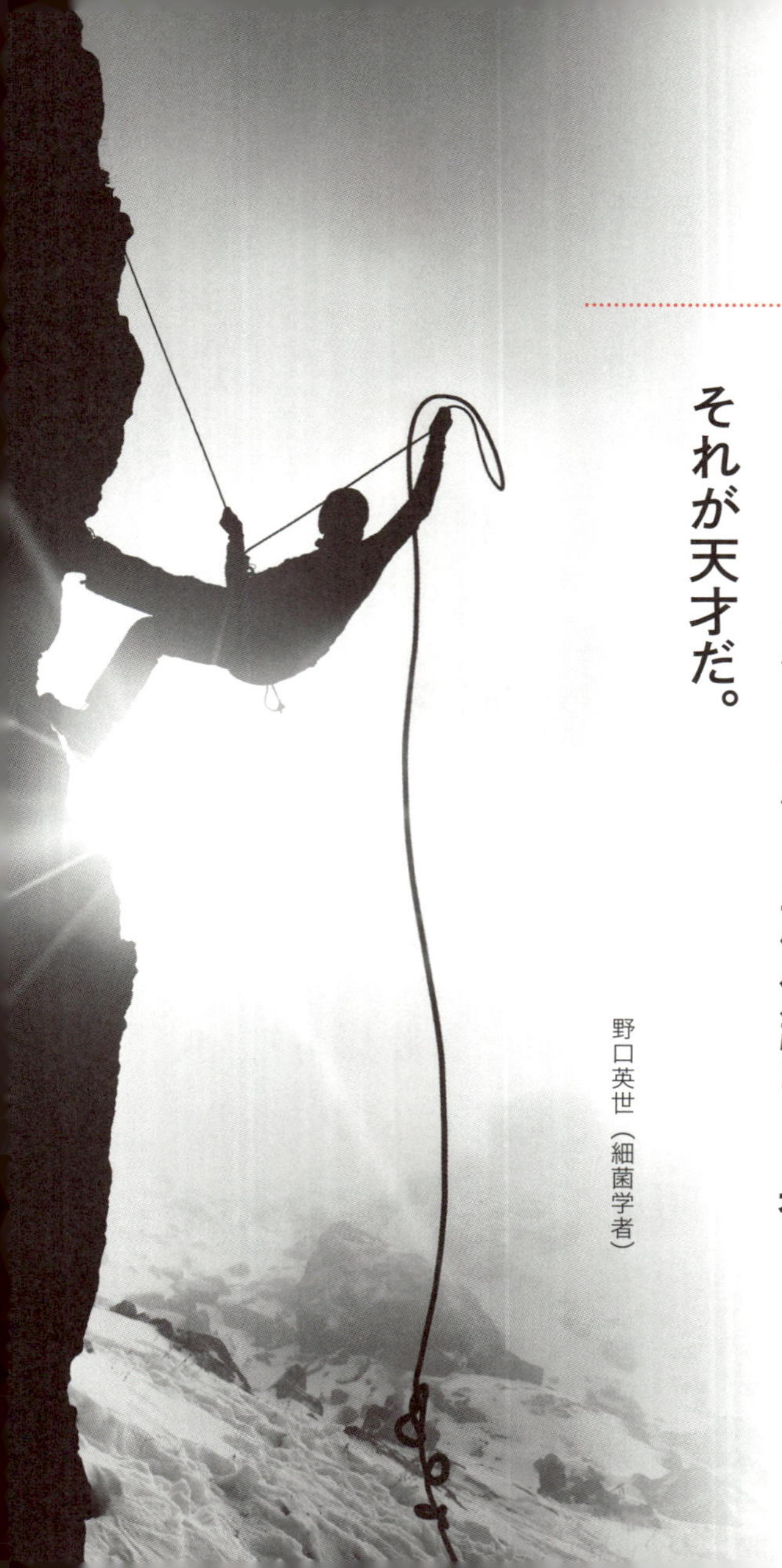

誰よりも三倍、四倍、五倍勉強する者、
それが天才だ。

野口英世（細菌学者）

chapter

02

心を癒す

049

他人の失敗から学びなさい。
すべてを自分で体験できるほど、
長生きはできないのだから。

マーク・トウェイン
（アメリカの作家・『トム・ソーヤーの冒険』著者）

050

大丈夫。心配するな、何とかなる。

一休宗純（臨済宗の僧侶）

遅刻だ。怒られるかも、まずいことをしたと思っても、電車は急いで進んでくれない。焦ったって仕方がない。まずは落ち着くことから。

051

世の中の
重荷おろして
昼寝かな

正岡子規（作家）

052

人間なんて、
そんなにたくさん、
あれもこれも、
できるものじゃないのだ。

太宰治（小説家／『火の鳥』）

これは成長のためだから、いい経験になるからといって、与えられたことをすべて自分の力だけでこなそうとしても、できない時だってある。助けを求めたことを申し訳なく感じるのであれば、どこかで誰かを助けることで恩返しをすればいい。

053

河に栖《す》んで力あるものは、陸に登って悩む。

栄西（臨済宗開祖／『興禅護国論』）

人間、誰しも得意不得意や、向き不向きがある。喋るのがうまい者、聞くのがうまい者。人を引っぱるのがうまい者、人を支えるのがうまい者。単独で動くほうが味が出る者、集団で動くほうが輝く者。世の中は良し悪しではない。はまるか、はまらないかだ。それぞれが輝ける場所は、必ず用意されている。

054

他人の欠点をあげつらう人は、自分自身に徳がないのだ。

明恵（華厳宗の僧侶／『栂《とがの》尾《お》明《みょう》恵《え》上人《しょうにん》遺訓』）

他人を引きずり下ろしても、自分の価値は上がらない。そんなに誉められたければ、まず他人のいいところを見つけて誉めよ。そして、こっそり努力せよ。

055

負けるが勝ち

（日本のことわざ）

056

なぜ自分を責めるんですか？
他人がちゃんと必要な時に
責めてくれるんだから、
いいじゃないですか。

アルベルト・アインシュタイン（ドイツの物理学者）

人は万能ではない。できることと同じくらい、できないこともある。ミスだって当然する。だからこそ、うまくいかない現実を一人で抱え込むのではなく、どうするべきかを誰かに相談することが、大きな一歩となる。

057

障子を開けてみよ。
外は広いぞ。

豊田佐吉（実業家・豊田自動織機製作所創業者）

058

最初の一歩は、
誰でもうまくいかないものだ。

プラトン（古代ギリシャの哲学者）

うまくいくものと思って取り組むよりも、うまくいかないものと思っていたほうが、些細なことでも発見や成長になる。結果を楽しむことができる。

059

どんなに素晴らしい本も、すべて人の手によって書かれたものだ。

トーマス・エジソン（アメリカの発明家）

職人の手によって作られた工芸品は、どんなに精巧な機械でも再現できない。人の心を動かすものは、人の手によってしか生み出すことはできない。人として生まれてきたのだから、人にしかできないことに情熱を注ぐのも面白い。

060

人間三百六十五日、何の心配も無い日が、一日、いや半日あったら、それは仕合《しあわ》せな人間です。

太宰治（小説家／『ヴィヨンの妻』）

心をすり減らす日々を送っていると、何事もなく、穏やかに過ごせたことを幸せと感じる。いや、幸せとはきっと、そういうものなのだ。

061

幸せかどうかは自分次第。

アリストテレス（古代ギリシャの哲学者）

062

雨の中、
傘をささずに
踊る人間がいてもいい。
それが自由というものだ。

ヨハン・W・v・ゲーテ（ドイツの作家）

「ごはんを食べるべきか、パンを食べるべきか」という問いと、「どう生きるべきか」という問いは似ている。好みで判断すればいいし、迷ったら人に決めてもらえばいい。何を選んだって、どう食べたって、自分次第で正解にも不正解にもなるのだから。

063

それだから、走るのだ。信じられているから走るのだ。間に合う、間に合わぬは問題でないのだ。

太宰治（小説家／『走れメロス』）

064

約束とパイの皮は、簡単に破れてしまう。

ジョナサン・スウィフト（アイルランドの刺繍作家）

猫も人間も、
滅多にないチャンスに出会うと、
たとえそれがあまり好きではないことだったとしても、
「もったいないないと」思いながら
やってしまう。

夏目漱石（小説家／『吾輩は猫である』）

066

人と物争うべからず
人に心を許すべからず

豊臣秀吉（戦国大名）

お互いが「自分は正しい」と主張して、顔を合わせなくなる。すると妄想が膨らみ、さらに溝が深まる。必要なのは、合意ではなく理解なのに。

067

泣きながら
パンを食べた者でなければ、
人生の味はわからない。

ヨハン・W・v・ゲーテ（ドイツの作家）

068

人の一生は
重荷を負うて
遠き道を行くがごとし
急ぐべからず

徳川家康（将軍）

雪が降ると、人々は街のあちこちで動けなくなった車を押したり、道を譲り合ったりするようになる。近頃の人は心がないのではない、隠して生きているだけなのだということに気づかされる。失望するのは、まだ早い。

069

どんなに困難な状況であっても、解決策は必ずある。

ミゲル・デ・セルバンテス（スペインの作家）

どんなに偉大な記録でも、必ず破られる。どんなに硬い岩でも、風や波に削られて小さくなる。状況は刻一刻と変わる。現状の自分ではどうにもならないと感じたら、思いきって待て。

070

人材は必ず一癖あるものである。逸材であるがゆえにそうなのだから、癖を捨ててはならない。

荻生徂徠《おぎゅうそらい》（思想家／『徂徠訓』）

汗をかかない夏、雪の降らない冬。苦くないピーマン、方言の聞こえない街。それが皆が今、懸命になろうとしているもの。なれと言っているもの。

071

希望とは、輝く太陽の光を受けながら出かけて、雨に濡れながら帰ることである。

ジュール・ルナール（フランスの小説家）

072

自分が生まれてきた時より
死に至るまで、
周囲の人が少しでもよくなれば、
それで生まれた甲斐がある
というものだ。

新渡戸稲造（教育者）

やりたいことがないという人に、たまに出会う。やりたいことは、目につくものを片っ端からやってみることで見つかるもの。自身が毎日を楽しく生きることは、まわりを明るくする。まわりが明るくなることは、自身を明るくしてくれる。

073

人生唯一の意義は、
人のために生きることである。

レフ・トルストイ（ロシアの小説家）

074

一生の間に一人の人間でも
幸福にすることが出来れば、
自分の幸福なのだ。

川端康成（小説家／『掌《てのひら》の小説』「一人の幸福」）

「君を守る」なんていうセリフは、昭和的でドラマ的で嘘っぽくて、口に出すのも出されるのも恥ずかしい。けれど、その心意気は好きだ。

075

もっとも親しき友人というのは、つねに兄弟のように退屈である。

萩原朔太郎（詩人／『虚妄の正義』）

当たり前のように存在していたものがある日突然なくなると、思った以上にそれに支えられていた自分に気づく。生身の自分だけでは、何もできない。

076

朋友はわが喜びを倍にし、悲しみを半ばにする。

マルクス・トゥッリウス・キケロ（古代ローマの哲学者）

077

苦しみを共にするのではなく、楽しみを共にすることが友人をつくる。

フリードリヒ・ニーチェ（ドイツの哲学者）

うまくいかない時というのは、肩に力が入っているもの。「～のはず」とか、「～でなければならない」とか、「～に違いない」とか。ほんの少し言葉を交わしただけで、うわさを見聞きしただけで、その人がどのような人かという判断がつくことなどない。自分も変わる。食わず嫌いは損をする。

078

空の星になれないなら、せめて家庭の灯になりなさい。

ジョージ・エリオット（イギリスの作家）

079

一家の団らんという事は、
普通に食事の時を利用してやるのが
簡便な法であるが、
それさえも行われておらぬ家庭が
少《すく》なくはない。
まず食事に一家の者が一所に集まる。
食事をしながら雑談もする。
食事を終える。また雑談をする。
これだけの事が出来れば
家庭はいつまでも平和に、
どこまでも愉快であるのである。

正岡子規（作家／『病牀六尺』）

080

男が家庭を持ちたいってのは、
思いきり阿呆になれる場所が
ほしいからだ。

川端康成（小説家／『川端康成全集』「化粧と口笛」）

だらしない姿を見せるのは、安心しているから。しかし、飼い犬ではないのだから、甘えてばかりもいられない。

081

たのしみは
妻子《めこ》むつまじく　うちつどひ
頭《かしら》ならべて　物をくふ時

橘曙覧《あけみ》（歌人）

082

波音の
由比ガ浜より
初電車

高浜虚子《きょし》（俳人）

土日は嫌だ。会社に行くふりをして、ふらりと出かけたい。晴れた日がいい。ピカピカの銀色は、ちょっと興ざめだ。古いほうが味がある。

083

こころよき疲れなるかな
息もつかず仕事をしたる後の
この疲れ

石川啄木（歌人／『一握の砂』）

084

たのしみは
朝おきいでて　昨日まで
無かりし花の　咲ける見る時

橘曙覧《あけみ》（歌人）

都会の中に住んでいても、日々四季の移り変わりを感じることができる。窓を開けるといつも聞こえていた風鈴の音が、鈴虫の声に変わった。帰り道の夜風が、心なしか寒くなった。自分の顔を毎日鏡で眺めていても、変化なんてわからないが、時は確かに過ぎているのだと実感する。

085

桜は満開のときだけを、月は満月のときだけを見るものだろうか。

吉田兼好（随筆家／『徒然草（第137段）』）

ある人は「舌が肥えているから、美味しいものしか食べない」と言い、ある人は「耳が肥えているから、素人の演奏は聞けない」と言う。私は、ハズレを引いたことを笑い話にしたり、素人らしさを楽しんだりできるのが、本当に「肥えた人」だと思う。

086

3月の風と4月の雨で5月の花が咲く

（西洋のことわざ）

きれいに咲いてくれと願うだけでは、花は咲かない。自分の手でコツコツと、丁寧に育てないと。

087

人のためを思う気持ちが強ければ、自分が弱くなる 正しくあろうとする気持ちが強ければ、考えが固くなる

伊達政宗（戦国大名／「五常訓」）

088

負けてのく　人をよわしと思うなよ
知恵の力の　強きゆえなり

高杉晋作（長州藩士／『贅御《ぜいご》日記』）

089

金や威力や理屈で人間の心が買えるものなら、
高利貸でも巡査でも大学教授でも
一番人に好かれなくてはならない。
中学の教頭ぐらいな論法で
おれの心がどう動くものか。
人間は好き嫌いで働くものだ。
論法で働くものじゃない。

夏目漱石（小説家／『坊ちゃん』）

090

寂しい時は寂しがるがいい。
運命がお前を育てているのだよ。

倉田百三（作家／『出家とその弟子』）

真面目とは誠実なこと。ただし、融通がきかないというニュアンスもある。適当は、手を抜くということではない。ちょうどよくやるということだ。だから、真面目に生きるのはやめよう。適当に生きよう。

091

人間万事塞翁《さいおう》が馬

（中国の故事成語）

人生なんて、どのタイミングで振り返るかによって大きく評価が変わる。若い時に成功する人もいれば、歳をとってから成功する人もいる。成功の後に転落する人もいれば、逆の人もいる。だから、どんな道を選んだとしても、気にすることはない。

092

ごちそうだって、毎日食べれば　ただのごはん。

未詳

093

明日のことが分《わか》らないということは人の生きる愉しさをつないでゆくものだ

室生犀星《さいせい》

（作家／『日本美論』「明日になって見ないと」）

もし、プレゼントが透明な箱に入っていたら、どんな気持ちになるだろう。プレゼントは、中身がわからないからワクワクする。予想外のものが入っているから、心から喜ぶ。

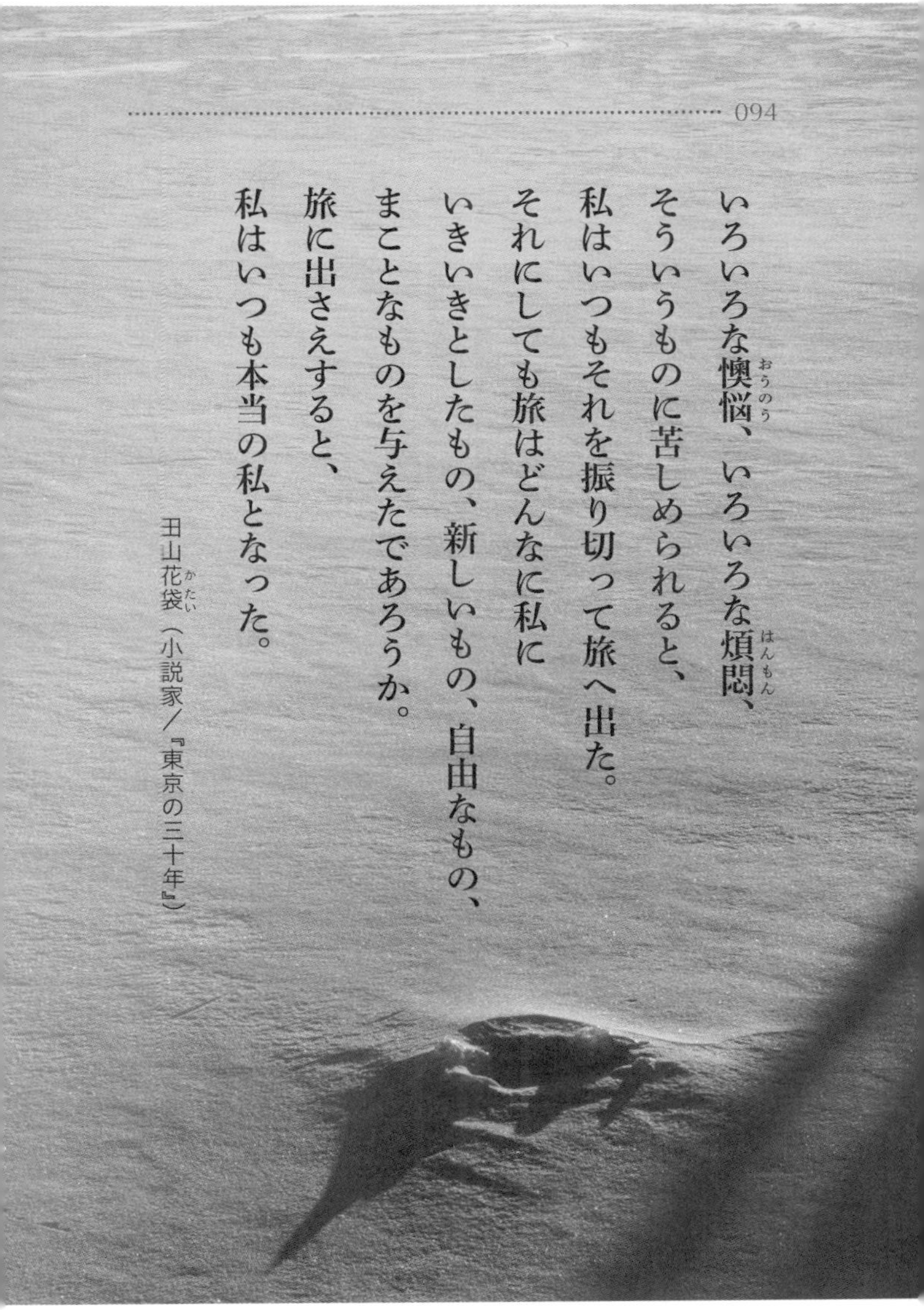

いろいろな懊悩《おうのう》、いろいろな煩悶《はんもん》、
そういうものに苦しめられると、
私はいつもそれを振り切って旅へ出た。
それにしても旅はどんなに私に
いきいきとしたもの、新しいもの、自由なもの、
まことなものを与えたであろうか。
旅に出さえすると、
私はいつも本当の私となった。

田山花袋《かたい》（小説家／『東京の三十年』）

095

一　ふかくこの生を愛すべし
一　かへりみて己を知るべし
一　学芸を以《も》って性を養うべし
一　日々新面目あるべし

會津《あいづ》八一（書家・歌人）

うまくいかないことがあっても、自ら命を絶つなどという馬鹿げたことをするな。前を向いて歩くだけでなく、時には後ろを振り返って確認せよ。学問や芸術に励んで、自身を磨け。日々の成長を怠るな。

096

三十にして立つ。
四十にして惑わず。
五十にして天命を知る。
六十にして耳順《したが》う。

孔子（儒教の開祖／『論語』）

歳を重ねるということは、若さを失うということではない。老人力がつくということだ。

097

楽しきと思うは
楽しきもとなり

松平定信（白河藩主／「樂亭壁書」）

098

**ものさえ分かって来ると、
おのずから、
趣味は出て来るものである。
趣味が出て来ると、
面白くなって来る。
面白くなって来ると、
否応なしに手も足も
軽く動くものである。**

北大路魯山人（芸術家／『魯山人味道』）

つまらないことでも、楽しめる仕掛けを自分で作ると、自然とやる気が湧いてくる。

099

たのしみは
とぼしきままに　人集め
酒飲め物を　食へといふ時

橘曙覧《あけみ》（歌人）

100

みんな、枠からはみ出ないように
必死にもがきながら生きているけれど、
一度何かのはずみでその外側に出ると
「なんだ、こんな形だったのか」とか
「意外に居心地悪くないな」とか
わかってきて。そうなると、戻るのが
バカらしくなってきやしませんか？

未詳

幸福以外のものを
目的として生きるとき、
人は幸福になれる。

J・S・ミル（イギリスの哲学者）

chapter

03

情熱が
持続する

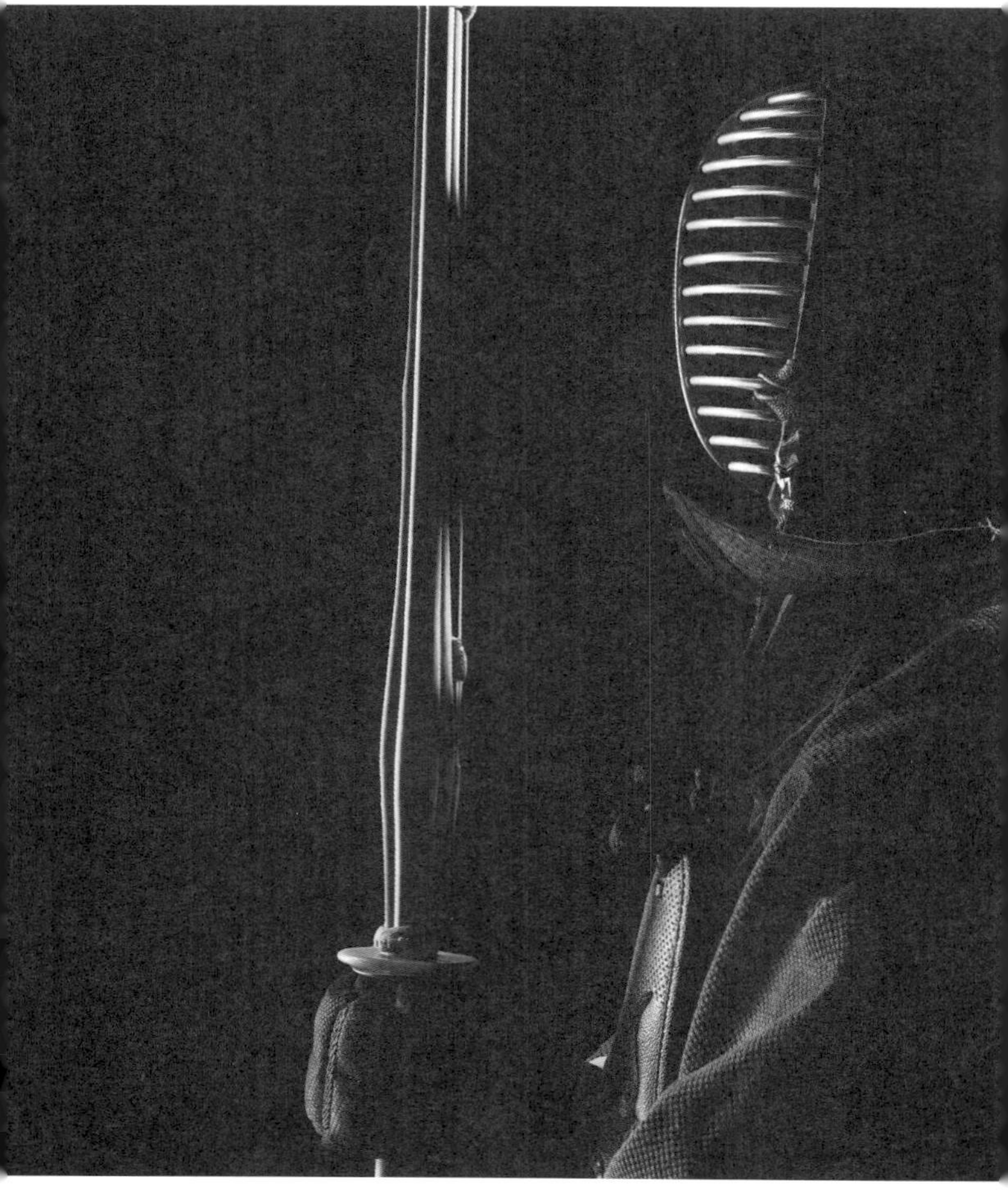

あれになろう、これになろうと焦るより、
富士のように、黙って、
自分を動かないものに作り上げろ。
世間に媚《こ》びずに
世間から仰がれるようになれば、
自然と自分の値うちは世の人がきめてくれる。

吉川英治（小説家／『宮本武蔵』）

103

歩みだけが重要である。歩みこそ、持続するものであって、目的地ではないからである。

サン＝テグジュペリ
（フランスの作家・『星の王子さま』著者）

結果よりプロセスが大事だと、よく言われる。結果を出すために物事に打ち込み、前に進み続けることは、自身の成長につながるからだ。たとえ結果が想定したものとは異なっても、積み重ねた努力は決して無駄にはならない。

104

情熱を注ぎ込めるものを、最初から持っている人はいない。

岡本太郎（芸術家）

岡本太郎が本格的に絵画制作に取り組んだのは、21歳の時にピカソの絵画に感動してから。何かを始めるのに、遅すぎるということはない。このタイミングだから、十分早いということもない。

105

歩け、歩け。続けることの大切さ。

伊能忠敬（測量家）

106

情熱的に恋したことのない男には人生の半分、それも最も美しい半分が隠されている。

スタンダール（フランスの作家）

情熱的な恋愛こそ男《ひと》を輝かせると、愛に生きたスタンダールは言う。なお、彼は何度も失恋をくり返し、終生独身だった。

107

愛されることより愛することに、愛は存在する。

アリストテレス（古代ギリシャの哲学者）

108

私は彼を深く愛している。
彼と一緒ならどんな死にも耐えられる。
しかし、一緒でなければ、
たとえ生きていても
生きていることにはならない！

ジョン・ミルトン（イギリスの詩人）

旧約聖書「創世記」が題材の『失楽園』で、イヴが禁断の果実を口にした時の言葉。神は男の肋骨《ろっこつ》から女を創造した。人が愛に目覚めたのは、相手を自分とは違う存在と認めた時かもしれない。

109

他人を感動させようとするなら、まず自分が感動せねばならない。そうでなければ、どんなに巧みな作品でも決して生命ではない。

ジャン＝フランソワ・ミレー（フランスの画家）

もし、技術だけで評価されるのならば、世界でそれについて語っていいのはたった一人になる。子どもの描いた絵は、下手くそということになる。目に見えないものを大切にできないのであれば、何かを伝えることも、受け取ることもできない。

110

成功する人は前進し続ける。失敗もするが、途中で投げ出すこともない。

コンラッド・ヒルトン
（アメリカの実業家・ヒルトンホテルの創業者）

たとえ失敗しても、そこで投げ出したり、あきらめたりしてはいけない。とにかく行動しよう。前に進まなければ、何も変わらない。

111

仕事を追え、仕事に追われるな。

ベンジャミン・フランクリン（アメリカの政治家）

112

おもしろき　こともなき世を おもしろく

高杉晋作（長州藩士）

結核にかかり病に伏していた高杉は下の句を詠めず、看病していた野村望東《ぼうとう》尼《に》が「すみなすものは心なりけり（すべて自分の心次第）」と続けたと言われている。

113

青年は狂気と 燃ゆる熱の時代である。

フランソワ・フェヌロン（フランスの思想家）

114

人生がレモンをくれたら レモネードを作れ

（英語のことわざ）

「こんなものを与えられてしまった」と嘆いているだけでは、状況は変わらない。一見役に立たないものでも、逆転の発想があれば、皆が笑顔になるものを作ることができるのだ。何事も考え方次第。逆境は、チャンスにできる。

115

青春の夢に忠実であれ。

F・シラー（ドイツの詩人）

116

男がありとあらゆる理屈を述べても、女の一滴の涙にはかなわない。

ヴォルテール（フランスの哲学者）

その涙は悔しさ、その涙は悲しみ、その涙は喜び、その涙は強さ。

117

あの人が私を愛してから、
自分が自分にとって
どれほど価値のあるものに
なったことだろう。

ヨハン・W・v・ゲーテ（ドイツの作家）

自分が歳を重ねた時に、何を求めることもなく、お茶を一緒に飲んでくれる相手がいる。それは、結婚する理由にならないか。

愛されるとは
燃え上がることである。
愛するとは尽きない油で
照り輝くことである。
愛されるとは亡《ほろ》びることで、
愛するとは亡びないことである。

ライナー・M・リルケ（オーストリアの詩人）

119

はじめに人が習慣をつくり、
それから習慣が
人をつくっていく。

ジョン・ドライデン（イギリスの詩人）

あれをやろう、これをやろうと決めるけれど、どれも長続きしない。まぁいいかと、そのうち忘れてしまう。「まぁいいか」という毎日を送っていると、知らない間に「まぁいいか」という自分になる。そろそろ、温かい布団から出る時だ。

120

恋ひ恋ひて
逢へる時だに　愛《うるは》しき
言尽《ことつく》してよ　長くと思はば

大伴坂上郎女《おおとものさかのうえのいらつめ》（歌人）

ずっとずっと恋しくて、やっと逢えた時くらいは、愛の言葉を尽くしてほしい。この恋が長く続くようにと、あなたが思うのならば。

121

愛することは、いのちがけだよ。
甘いとは思わない。

太宰治（小説家／『雌に就いて』）

122

力不足だから
これはできないと
思ってはいけない。
真心がその不足を補ってくれる。

上杉鷹山《ようざん》（米沢藩主）

物事を成し遂げるには、実力よりも、何としてもやりたいという気持ちが大切。

123

そこに山があるからだ。

ジョージ・マロリー（イギリスの登山家）

124

改革への情熱が
平和と愛に害を加えるような
種類のものであれば、
それはすべて本物ではない。

ウィリアム・クーパー（イギリスの詩人）

クーパーが生きたのは、独立戦争や革命戦争が勃発した激動の時代だった。何かを変えるには情熱が必要だ。しかし、その情熱のあまりに、誰かを傷つけたり、成し得たものが誰かの犠牲の上に成り立つものであっては、決してならない。

125

自分の耳が許す音だけが音楽である。

フレデリック・ショパン（ポーランドの作曲家）

126

一日は貴い一生である、これを空費してはならない。

内村鑑三（思想家／『一日一生』）

人生は短い。一日を一生だと思って、日々全力を尽くして生きよう。一日たりとも無駄にしてはいけない。

127

私はさそり座です。
さそり座の人間は、
私のように自分を食べ尽くし、
燃やし尽くすのです。

ヴィヴィアン・リー（イギリスの女優）

さそり座は、情熱を内に秘める性格と言われる。ヴィヴィアン・リーもまた、女優として演じることと、『風と共に去りぬ』で共演したローレンス・オリヴィエに対して激しく情熱を注ぎ込んだ人生だった。

128

勇気と粘り強さは、どんな困難や壁も消し去るほどの魔法の力をもたらしてくれる。

ジョン・Q・アダムズ（アメリカの大統領）

生きている限り、困難や壁はつきもの。恐れずに立ち向かおう。アメリカ合衆国第35代大統領のジョン・F・ケネディは、著書『勇気ある人々』の中で、勇気を持って行動した人として、真っ先にアダムズを挙げている。

129

悩みは忘れ去ろう。目の前は困難だらけだ。振り返って過ぎ去った困難まで顧《かえり》みる必要はない。

ハーバート・フーヴァー（アメリカの大統領）

過ぎ去ったことにとらわれて、いつまでもくよくよするな。スパッと割り切って、前を向くんだ。

130

夢見る力のない者は、生きる力もない。

エルンスト・トラー（ドイツの劇作家）

人は生きねばならぬ
生きるためには
戦わなければならぬ
名は揚《あ》げねばならぬ
金は儲けねばならぬ
命がけの勝負はしなければならぬ

徳冨蘆花《ろか》（小説家／『思出の記』）

132

私たちの最大の弱点は
あきらめることにある。
成功するのに
最も確実な方法は、
常にもう一回だけ
試してみることだ。

トーマス・エジソン（アメリカの発明家）

成功するには、失敗を重ねなければならないと考えるとつらい。しかし、失敗をくり返すたびに成功に近づいていると考えれば、楽しくなる。

133

この世で最も哀れな人は、
目は見えても、未来への夢が
見えていない人だ。

ヘレン・ケラー（アメリカの社会福祉活動家）

どんな小さなことでもいいから、「こうなりたい」「こうありたい」というビジョンを持って生きよ。一日を漫然と過ごしてしまうのは、あまりにも勿体ない。

134

頑張るだけが能じゃない。
何事もほどほどに。

岡見清熙《きよひろ》（中津藩士）

135

詩は、力強い感情がおのずからほとばしる湧水である。その源泉は、静かに回想された感動である。

オスカー・ワイルド（イギリスの作家）

詩は感情を吐露するもの。心に湧きあがった感動は、喜び、悲しみ、苦しみといった感情になり、おのずと詩になる。イギリスの詩人ワーズワースも、「詩とは力強い感情がおのずからあふれ出たものである」と述べている。

136

一匹の人間が持っているだけの精力を一時に傾注すると、実際不可能な事はなくなるかも知れない。

森鴎外（小説家／『雁』）

自分が気づいていない才能だってある。それを知るには、とにかくいろいろなものに触れてみることだ。

137

才能は長い努力の賜物である。

ギュスターヴ・フローベール（フランスの小説家）

138

志を得ざれば再び此《こ》の地を踏まず

野口英世（細菌学者）

医師の国家試験に向けて勉強するため、野口英世が福島から上京する時に、実家の柱に刻んだ決意文。思いは口に出せ。他人に言うことで、自分を追い込め。

139

天才とは、ただ、努力の継続をできる人のことをいう。

エルバート・ハバード（アメリカの作家）

140

時の過ぎるのが早いか遅いか、それに気づくこともないような時期に、人はとりわけて幸福なのである。

イワン・ツルゲーネフ（ロシアの作家）

何かに夢中になっていると、時が経つのを忘れてしまうことがある。打ち込めるものがあれば、人は知らず知らずのうちに幸せに生きることができる。

141

二人が睦《むつ》まじくいるためには
愚かでいるほうがいい
立派すぎないほうがいい
立派すぎることは
長持ちしないことだと
気付いているほうがいい

吉野弘（詩人／「祝婚歌」）

結婚する二人へのはなむけとして書かれた「祝婚歌」。夫婦に限らず、他人と良好な関係を築くには、気負わず、肩の力を抜いて付き合うといい。「こうあるべき」と考えては、うまくいくものもうまくいかない。

142

人生は、情熱によらなければ
勝負できないことばかりだ。

ウィリアム・ハズリット（イギリスの作家）

なんとなくやっても、結果は出ない。どんな困難でも乗り越えよう、何が何でもやってやろうという熱い思いが、成功を引き寄せる。

143

私にとって、
詩は目的ではなく
情熱である。

エドガー・アラン・ポー（アメリカの作家）

144

くすぶるな、燃え上がれ。

アントン・チェーホフ（ロシアの劇作家）

145

ろうそくは
自分自身で輝くから、
どんな大きなダイヤよりも
美しい。

マイケル・ファラデー（イギリスの科学者）

光をどう受けて格好よく見せるかより、どう輝けば格好よくなるかを考える人であれ。

146

作家は創造の熱望を持つか、
同時にそれによって食うという
罪のない熱望を持つ。
そして、作家は名声と富を追う。

サマセット・モーム（イギリスの作家）

作家には、書きたいという熱い気持ちや筆一本で立つという強い思いがある。その情熱こそが、創造を生み出す。情熱は自分を理由なく、理屈なく突き動かすエネルギーだ。

私がこれほどにもただあのひとだけを、
これほどにも、熱く、
これほどにも胸いっぱいに愛して、
あのひとのほかには何も知らず、何も解せず、
何も持ってはいないのに、
どうしてほかの男が
あのひとを愛することができるのだろう？
愛することがゆるされるのだろう？

ヨハン・W・v・ゲーテ（ドイツの作家）

148

1から1をひけば零である。
人生から愛をひけば何が残る。
土地から水分をとれば
砂漠になるようなものだ。

武者小路実篤（作家）

愛と一口に言ってもさまざまだ。物への愛、異性への愛、自分に向けられる愛だってある。こう考えると、世界は愛に満ちているし、人生とは愛そのものではないか。物や人とのかかわりができるほど愛は広がり、人生に彩りができる。

149

必死に生きてこそ
その生涯は光を放つ。

織田信長（戦国大名）

150

努力は幸福を
手に入れる手段ではなく、
努力そのものが
幸福を与えてくれるのである。

レフ・トルストイ（ロシアの小説家）

何かを手に入れるために「～しなければ」と考えると、損をした気分になる。ほしい物を手に入れる過程こそが、最も刺激的で幸福に満ちている。

151

勝つ者は決してやめない やめる者は決して勝たない

（西洋のことわざ）

夢や願いは、信じているだけでは叶わない。信じるなら、叶えられる自分を信じろ。努力の足を止めるな。

152

あまり人生を重く見ず、捨て身になって何事も一心になすべし。

未詳

153

画家の仕事に 終わりというものはない。 もう十分働いた、 「明日は日曜日だ」と言える瞬間は 決してやって来ない。

パブロ・ピカソ（スペインの画家）

ピカソは、91歳で亡くなるまでに約15万点もの作品を残した。人生に無駄な時間などない。燃え尽きるまで、走り続けろ。

154

私たちは自分が望むことを
たえず考えていれば、
なりたいと望むものになり、
したいと望むことを
するようになる。

オリソン・マーデン
（アメリカの作家・成功哲学の父）

chapter

04

感謝があふれる

155

人生を喜び、楽しめ。

ヘンリー・ヴァン・ダイク（アメリカの教育者）

156

**友情と恋愛とは
人生の幸福を生み出す。
ちょうど二つのくちびるが、
魂を有頂天にするキスを
生み出すように。**

フリードリヒ・ヘッベル（ドイツの劇作家）

喧嘩することがあっても、気を遣って疲れることがあっても、人生を豊かにするためには、恋人や友人は欠かせない存在。

157

**私がお前を愛するごとく、
お前も私を愛するならば、
我々の恋を切りさく
ナイフがあろうか。**

ラドヤード・キプリング（イギリスの作家）

思い思われる力は、鉄砲玉にだって打ち勝てる。無敵の人間を生む愛の力を、奇跡と呼ばずして何と呼ぼう。

158

愛はすべてに打ち克《か》つ。

カール・ヒルティ（スイスの法学者）

159

おのれの得るところ少なきも
その得るところを
軽んずるなかれ。

釈迦《しゃか》（仏教の開祖）

私たちは、自分の持っていないものばかりを数え、他人をうらやんでしまう。しかし、大切なのは今あるものに気づき、感謝することだ。

160

慈善を始めるのは家庭内から。
そして、正義は隣人から。

チャールズ・ディケンズ（イギリスの小説家）

161

愛されないということは
単に不運でしかない。
愛さないということこそ
不幸である。

アルベール・カミュ（フランスの作家）

「愛してもらえないのは、○○だからだ」「親切にしてもらえないのは、○○だからだ」と受け身で物事を考えていないだろうか。一方的でいい。見返りなんてなくてもいい。愛情とは、きっとそういうものなのだ。

162

感謝するに値するものがないのではない。感謝するに値するものを、気がつかないでいるのだ。

中村天風《てんぷう》（思想家／『心が強くなる言葉』）

人間関係がうまくいかない時、物事がうまく進まない時は、「ありがとう」と唱えよ。「ありがとう」は魔法の言葉。あらゆることが、にわかに回り出す。

163

すべての人間は、他人の中に鏡を持っている。

アルトゥル・ショーペンハウアー（ドイツの哲学者）

笑顔を絶やさない人のまわりには、笑顔の人が集まる。愚痴の多い人のまわりには、不満顔の人が集まる。他人は自分を映す鏡。

164

許すはよし、されど忘れることはなお良し。

ロバート・ブラウニング（イギリスの詩人）

165

毎日毎日が、奇跡である。
いや、生活の、全部が奇跡だ。

太宰治（小説家／『正義と微笑』）

人生は偶然の連続。偶然が重なり、運命となる。
運命は、奇跡を呼び起こす。

166

相手の話に耳を傾ける。
これが、愛の第一義務だ。

パウル・ティリッヒ（ドイツの神学者）

167

あなたのあらゆる言動を
誉める人は
信頼するに値しない。
間違いを指摘してくれる
人こそ信頼できる。

ソクラテス（古代ギリシャの哲学者）

言葉の裏を読んでも、何も得られない。しかし、
その人が本当に自分のことを思って言ってくれて
いるのか、口先だけなのかを考えることは必要。

168

愛情には一つの法則しかない。それは、愛する人を幸福にすることだ。

スタンダール（フランスの作家）

169

朝夕の食事はうまからずともほめて食うべし。

伊達政宗（戦国大名／「五常訓」）

食事は大切な時間。栄養を摂ったり腹を満たしたりする以上に、誰かと一緒に食べることに意味がある。

170

友人とは、あなたについてすべてのことを知っていて、それにもかかわらずあなたを好んでいる人のことである。

エルバート・ハバード（アメリカの作家）

友達を続けるべきか、やめるべきかで悩んだ時は、少し距離を置いてみるといい。人生はマラソンのようなものだ。一緒にいたいと思えば、自然と元の関係に戻る。

真の友情は
ゆっくり成長する植物である。
友情と呼ぶにふさわしいところまで
成長するには、
たび重なる危機にも
耐え抜かねばならない。

ジョージ・ワシントン（アメリカ・初代大統領）

172

人間は自分の欲しいと思うものを求めて世間を歩きまわり、そして家庭に帰った時にそれを見出す。

ジョージ・ムーア（アイルランドの小説家）

人間の欲には際限がない。地位、栄光、お金、賞賛、愛……。しかし、自らの手にはすでに、たくさんの物があることを忘れてはならない。足りない何かを求めるのではなく、今あるものを大事にしたい。

173

どんなに愛しているかを話すことができるのは、少しも愛してないからである。

フランチェスコ・ペトラルカ（イタリアの詩人）

「なぜそれが好きなの？」と質問されて、ハッとすることはないだろうか。「好き」という気持ちは理屈ではない。だから、言葉を尽くしても説明することはできない。

174

毎日を、最後の一日のように生きよ。

ルキウス・アンナエウス・セネカ（ローマ帝国の政治家）

175

私の心が知る最も幸福な瞬間は、心からの愛情を、二、三の敬愛する人物に注ぐ時である。

トーマス・ジェファーソン（アメリカの大統領）

「結婚と恋は違う」なんてよく言われるけれど、顔を合わせすぎて嫌になることだって、愛ではないか。

176

天が私を生んでくれた以上、必ず世の中の何らかの役に立つためである。

李白（中国の詩人）

177

人の命は、日々《にちにち》に今日やかぎりと思い、時時《じじ》に只《ただ》今や終わりと思うべし。

親鸞（浄土真宗の宗祖）

私たちの人生は、予期せぬ事故や出来事で、一瞬にして失われる可能性がある。新聞やテレビのニュースで起こっていることは、すべて現実なのだから。

178

現在の難儀も、いつの日か
よい思い出になるであろう。

ホメロス（古代ギリシャの詩人）

179

しばらく二人で黙っているといい。
その沈黙に耐えられる関係かどうか。

セーレン・キルケゴール（デンマークの哲学者）

誰かといる時に、ふと訪れる沈黙。それを心地よく感じるか、落ち着かないと思うかでわかる、相手と自分との関係。

180

人間はお互い同士のために創られた。
ゆえに彼らを教えるか、
さもなくば耐え忍べ。

マルクス・アウレリウス・アントニヌス（ローマ皇帝）

もし、目の前の相手に不満を覚えることがあったとしたら、方法はふたつ。よりよい方法を提案するか、不満に目をつむるかだ。陰口を言ったり、できないことを指摘したりしても、何も生まれない。

181

人生最大の幸福は一家の和楽である。円満なる親子、兄弟、師弟、友人の愛情に生きるより切なるものはない。

野口英世（細菌学者）

幼少期、左手に大やけどを負った野口英世。家族や教師、友人の支援によって手術を受けたことから、医師を目指すようになった。家族や恩人への感謝の気持ちを忘れないことこそが、成功への条件なのだ。

感謝

182

最も平安な、そして純粋な喜びの一つは、労働をした後の休息である。

イマヌエル・カント（ドイツの哲学者）

何かに真剣に取り組み、成し遂げることは、清々しい達成感をもたらす。誠意は、報酬以上の喜びをもたらす。

183

父の恩は山よりも高く母の恩は海よりも深し

（日本のことわざ）

自分の価値観で人を責めない。
一つの失敗ですべて否定しない。
長所を見て短所を見ない。
心を見て結果を見ない。
そうすれば人は必ず集まってくる。

吉田松陰（幕末の思想家）

185

正直とか親切とか友情とか、そんな普通の道徳を堅固に守る人こそ、真の偉大な人間というべきである。

アナトール・フランス（フランスの作家）

「嘘をつかない」「人に親切にする」「友達を裏切らない」。子どもの頃に教えられた〝当たり前〟のことほど、実践するのは難しい。

186

感謝は最高なる美徳であるだけでなく、他のすべての美徳の母である。

マルクス・トゥッリウス・キケロ（古代ローマの哲学者）

感謝することが増えると、謙虚な心が生まれる。相手に対する思いやりが芽生える。まわりに優しくなれる。それが、あなた自身の良さとなる。

187

短い人生は時間の浪費によっていっそう短くなる。

サミュエル・ジョンソン（イギリスの文学者）

188

人を相手にせず、天を相手にせよ。天を相手にして、己を尽くして人をとがめず、我が誠の足らざるを尋ぬべし。

西郷隆盛（薩摩藩士／『南洲翁遺訓』）

他人から評価を得ることを目的にしても駄目だ。全身全霊をかけて打ち込むことが、いい結果を引き寄せる。うまくいかない時は、自分の至らなさを問え。人のせいにするな。

189

人生において重要なのは生きることであって、生きた結果ではない。

ヨハン・W・v・ゲーテ（ドイツの作家）

人間一人に与えられた時間には限りがある。だからこそ、自らの情熱に正直に生きることが必要なのだ。

190

友情とは二つの肉体に宿れる一つの魂である。

アリストテレス（古代ギリシャの哲学者）

191

空気と光と友人の愛。
これだけ残っていれば、
気を落とすことはない。

ヨハン・W・v・ゲーテ（ドイツの作家）

192

他人に施した恩は
忘れてもいいが、
人から施された恩は
忘れてはならない。

洪自誠《こうじせい》（著作家／『菜根譚《さいこんたん》』）

193

弱い者ほど
相手を許すことができない。
許すということは、強さの証だ。

マハトマ・ガンディー（インドの独立運動家）

間違わない人などいない。失敗しない人などいない。人は、間違いや失敗を重ねることで成長するのだ。それがわかれば、誰かを許すことができる。誰もを受け入れることができる。

194

夫婦間の愛情というものは、お互いがすっかり鼻についてから、やっと湧き出してくるものなのです。

オスカー・ワイルド（イギリスの作家）

「うまくやる」というのは、我慢することではなく、お互いの落とし所を見つけるということ。人は変わらないもの、自分の思いどおりにはならないものと思えば、案外楽になる。

195

一日活《い》きれば則《すなわ》ち一日の儲け 一年活きれば一年の益なり

二宮尊徳（農政家／『二宮翁夜話《おうやわ》』）

ろうそくには大小ある。しかし、大きいものでも火が続くのはせいぜい4～5時間。大差はない。人間も、早死にしてしまう人もいれば、100歳まで生きる人もいる。大差はないのだから、与えられた人生を大切に生きよ。

196

人の言葉は善意に解釈しなさい。そのほうが五倍も賢い。

ウィリアム・シェイクスピア（イギリスの劇作家）

197

数多い恋人の情を集めても、我が胸に燃える友情の火には及ばぬ。

ジョージ・ゴードン・バイロン（イギリスの詩人）

198

「ありがとう」という言葉は、ポケットにしまってはいけません。

（ユダヤの格言）

心の中でいくら感謝を述べても、言葉にしなければ相手には伝わらない。

199

人は城　人は石垣　人は堀
情けは味方　仇は敵なり

武田信玄（戦国大名／『甲陽軍鑑』）

武田信玄は、生涯において城を築かなかった。人を育てて強固な軍隊を作れば、人が城以上に国を守ってくれると信じていたからだ。日常生活においても、困った自分を助けてくれるのは人だ。人を育てるのは、愛情だ。

200

正しい友人というものは、
あなたが間違っている時に
味方してくれる者のこと。
正しい時には誰だって
味方をしてくれるのだから。

マーク・トウェイン（アメリカの作家）

201

幸せな人は現在について満足しきっていますから、未来のことはあまり考えないものです。

アルベルト・アインシュタイン（ドイツの物理学者）

ある芸術家は言う。「私は、今の作品を手がけている時にはもう、次の作品のことを考えている」。完成した、満足したと感じることは、次がないということ。成長が止まるということ。生きがいを失うということ。

202

あなたと一緒に歩く時は、ぼくはいつもボタンに花をつけているような感じがします。

ウィリアム・サッカレー（イギリスの小説家）

203

まず和して、しかる後に大事をなせ。

呉起《ごき》（中国の兵法家）

目標を共有することで、強い結束と推進力が生まれる。理屈や命令だけでは、人は動かない。

204

小さな出会いを大切に育てていくことで、人生の中での大きな出会いになることもあります。

千利休（茶人）

205

人生は一期一会。縁を大切にすることは、チャンスを得ること。運命をつなぐということ。

感謝するから、幸せになれる。

（仏教の教え）

206

人を信じる心をなくしてはいけない。
人間性とは大海のようなもの。
数滴の汚れで、
海全体が汚れることはない。

マハトマ・ガンディー（インドの独立運動家）

ニュースを見れば毎日のように凶悪な事件が起き、ウェブサイトを見れば誰かの悪口やひがみが聞こえてくる。しかし、忘れてはいけない。この世が回っているのは、あなたのような正しい人間が少なからずいるからだ。

207

人生を愛することは、
時間を愛することだ。
人生は、時間で
できているのだから。

ベンジャミン・フランクリン
（アメリカの政治家）

chapter
05
希望がかなう

希望とは、
もともとあるものだともいえぬし、
ないものだともいえない。
それは、地上の道のようなものである。
もともと地上には道はない。
歩く人が多くなれば、
それが道になるのだ。

魯迅《ろじん》（中国の作家／『故郷』）

209

めったに起きないような大きな幸運で、人間が幸せになることはほとんどない。幸せは、日々の小さな前進が運んできてくれるのである。

ベンジャミン・フランクリン（アメリカの政治家）

運で手に入れたものは手元を離れやすいが、努力で手に入れたものは一生残る。努力は「減らない貯金」。日々の努力の積み重ねは、必ず幸せにつながる。

210

物を知るにはこれを愛せねばならず、物を愛するのはこれを知らねばならぬ。

西田幾太郎（哲学者／『善の研究』）

開いた心で接する時、本当の意味で私はあなたに「触れた」と言える。そして、心を開いて触れるから、私はあなたを知りたいと思う。

211

雲の向こう側は、いつも青空だ。

ルイザ・M・オルコット（アメリカの小説家・『若草物語』著者）

212

人間の心の奥底へ光を送ること。これが、芸術家の使命である。

ロベルト・シューマン（ドイツの作曲家）

失恋したけれど、音楽のおかげで乗り越えられた。悩んだ時に小説を読んだら、希望が見えた。芸術は心のサプリメント。

213

概して、人の運命は本人の手の中にある。

フランシス・ベーコン（イギリスの哲学者）

214

未来はいくつか名前を持っている。
弱い者にとっては「不可能」。
臆病者にとっては「未知」。
考え深く勇気のある者にとっては
「理想」。

ヴィクトル・ユーゴー（フランスの作家）

未来は、今の自分の有り様によってその姿を変える。不安におびえるか、輝かしい理想に邁進していくかは、自分次第だ。

215

この世を動かす力は希望である。やがて成長して新しい種子が得られるという希望がなければ、農夫は畑に種をまかない。

マルティン・ルター（ドイツの宗教改革者）

希望があるから人は動く。希望は生きる糧である。たとえ今はうまくいってなくても、すべては小さな希望を持つことからはじまる。

216

人間の目は、失敗して初めて開くものだ。

アントン・チェーホフ（ロシアの劇作家）

217

もし好機が到来しなかったならば、みずから好機をつくり出せ。

サミュエル・スマイルズ（イギリスの作家）

チャンスは、そうそう巡ってこない。それなら、自分でチャンスを作ればいい。動いた分だけ、チャンスは生まれる。

218

機会はどの場所にもある。釣針を垂れて常に用意せよ。釣れまいと思う所に常に魚あり。

オヴィディウス（古代ローマの詩人）

チャンスは、待っていてもやってこない。探さないと手に入らない。

219

ころり寝ころべば青空

種田山頭火（俳人）

220

未来のことはわからない。しかし、我々には過去が希望を与えてくれるはずである。

ウィンストン・チャーチル（イギリスの首相）

イギリスは、栄光と繁栄の歴史を歩んできた。過去の栄光を糧に、前に進むのもひとつの手段だ。

221

希望よ、お前は心を鉄に鍛える。

ルートヴィヒ・V・ベートーヴェン（ドイツの作曲家）

222

概して、人は見えるものより、見えないことに思い悩むものである。

ガイウス・ユリウス・カエサル（古代ローマの政治家）

見えないから不安になる。一人で抱え込むから、つらくなる。書き出したり、誰かに聞いてもらったりすることで、解決への道筋は自然と見えてくる。

223

最も嗤《わら》うべき、最も向こう見ずな希望が、時として異常な成功の因であった。

リュック・ド・クラピエ・ド・ヴォーヴナルグ（フランスのモラリスト）

時には、人に馬鹿にされることもあるだろう。壁にぶち当たることもあるだろう。それでも希望を失ってはいけない。希望を持ち続けていれば、必ず前に進むことができる。大きなことを成し遂げることができる。

224

私たちは、
苦難は忍耐を生み、
忍耐は練達を生み、
練達は希望を生み、
希望は失望に終わることが
ないことを知っているのです。

（新約聖書／「ローマ人への手紙」）

225

間違ったことの言い訳をするよりも、正しいことをするほうが時間がかからない。

H・W・ロングフェロー（アメリカの詩人）

ミスや失敗をすると、つい言い訳をしてしまいがちだ。だが、いくら言い訳をしても事態は変わらない。まずは、過ちを素直に認めることが大事だ。そして対応策を講じる。失敗は、常にチャンスに変わる可能性を秘めている。

226

機会はあらゆる努力の最上の船長なり。

ソフォクレス（古代ギリシャの劇作家）

報われないのは、努力の方向を間違えているから。ただがむしゃらにやるのではなく、冷静さと客観的視点が必要だ。

227

恋が芽生えるには、ごく少量の希望があれば十分である。

スタンダール（フランスの作家）

228

変化は人生の法則だ。過去または現在しか見ない人は確実に未来を見失う。

ジョン・F・ケネディ（アメリカの大統領）

人生に変化はつきもの。今が充実していても、それが続く保証はない。過去や現在にとらわれず、未来を見据えて歩みを進めよう。変わることを恐れてはいけない。

229

決して降参するな。

ロベルト・コッホ（ドイツの細菌学者）

230

昨日倒れたのなら、今日立ち上がればいい。

H・G・ウェルズ（イギリスの作家）

誰でも失敗はする。エジソン、ピカソ、リンカーン……。偉人たちだって、何度も失敗を経験したのだ。七転び八起き。転んだら立ち上がればいい、疲れたら一休みすればいい。転ぶことを恐れずに、歩き続けよ。

231

蟻の思いも天に届く

（日本のことわざ）

232

私は、ひとりの者に可能なことは万人に可能であると常に信じている。

マハトマ・ガンディー（インドの独立運動家）

誰かができることは、誰にでもできるかもしれない。誰かが成し得たことは、自分にもできるかもしれない。人間には、無限の可能性がある。

233

一灯をさげて暗夜を行く。暗夜を憂うることなかれ、ただ一灯を頼め。

佐藤一斎（幕末の儒学者／『言志四録』）

西郷隆盛の座右の書でもあった『言志四録』の一節。先が見えないと、誰しも不安になる。そんな時こそ、灯を頼りに暗闇の中を進むように、自分の信じる道を進め。

234

私は、失敗を恐れたことはない。よいことは、必ず失敗の後にやってくるのだから。

アン・バクスター（アメリカの女優）

失敗しなければ、成功しない。失敗したら、また挑戦すればいい。失敗のない人生は脆《もろ》い。失敗がなければ、成功の喜びはわからない。失敗のない人生は、つまらない。

235

頂上への楽な道などない。それなら、自分なりにジグザグに登ればいい。

ヘレン・ケラー（アメリカの社会福祉活動家）

成功を手に入れようとして、焦ってはいけない。急がば回れ。遠回りでもいいから、一歩一歩、確実に進め。

236

夜明け前がいちばん暗い

（イギリスのことわざ）

人間は、
しばしば希望にあざむかれるが、
しかし、また「絶望」という観念にも
同様にあざむかれる事がある。

太宰治（小説家／『パンドラの匣《はこ》』）

238

人生のどんな隅にも、どんなつまらなそうな境遇にも、やっぱり望みはあるのだ。

菊池寛（作家／『出世』）

人生は、なかなか思いどおりにはいかない。恵まれない境遇や望まない環境に不満を抱くこともあるだろう。しかし、人生は皆に平等だ。希望は必ずやってくる。損だけで終わる人生なんて、決して許されない。

239

志有る者は事竟《つい》になる。

范曄《はんよう》（中国の『後漢書』作者）

何としてもやり抜こうという強い志があれば、必ず実現する。たとえ、苦難に直面しても、希望を捨てるな。

240

知らぬ道　知ったふりして　迷うより　聞いて行く

（道歌）

241

希望は永久に人間の胸に湧く。人間はいつでも今幸福であることはなく、いつもこれから幸福になるのだ。

アレキサンダー・ポープ（イギリスの詩人）

悩んだり苦しんだりしている時は、今日より明日、明日より明後日はもっと幸せになれると自分に言い聞かせよ。

242

希望に満ちて旅行することが目的地に到着するよりよいことである。

ロバート・L・スティーブンソン（イギリスの作家）

有終の美は考えない。空の青や、街路樹の緑を楽しみながら歩きたい。人生は、長い旅行のようなものだから。

243

虹を見て思ひ思ひに美しき

高浜虚子《きょし》（俳人）

244

失敗とは、
一つの教訓に他ならないし、
好転する第一歩だ。

ウェンデル・フィリップス
（アメリカの社会改革者）

失敗は教訓だ。何度も同じことをしてしまうと、恥にも汚点にもなる。

245

やってみなはれ。
やらなわからしまへんで。

鳥井信治郎
（実業家・サントリーの創業者）

246

耐え忍べ、働け、祈れ、
そして常に希望を持て。
これが私が全人類に
一度に吹き込もうと願っている
真理なのです。

フョードル・ドストエフスキー（ロシアの小説家）

ドストエフスキーは、「希望を持たずに生きることは、死ぬことに等しい」とも言う。人間にとって、希望はなくてはならないもの。希望があるから、どんな状況でも前を向ける。

247

何事につけても、
希望するのは
絶望するよりもよい。
可能なものの
限界をはかることは、
誰にもできないのだから。

ヨハン・W・v・ゲーテ（ドイツの作家）

「こんなこと自分にはできない」と思うのは、自分の限界を自分で決めつけているということ。できないと思えばできない。できると信じれば、限界はどんどん広がる。

248

天才とは、
1%のひらめきと
99%の努力だ。

トーマス・エジソン（アメリカの発明家）

せっかく才能を持っていても磨く努力をしなければ、思いどおりの結果なんて絶対に手に入らない。

249

志を立てるのに
遅すぎるということはない。

スタンリー・ボールドウィン（イギリスの首相）

250

少年よ、大志をいだけ。

ウィリアム・クラーク（アメリカの教育者）

251

うつむいたままでは、虹は見つけられない。

チャーリー・チャップリン（イギリス出身の俳優）

1928年にアメリカで公開された「サーカス」の劇中歌「Swing High Little Girl（ブランコをこげ、少女よ）」の歌詞。悲しい時やつらい時こそ、上を向いて生きたい。

252

心暗きときは
即《すなわ》ち遇《あ》う所ことごとく禍《わざわい》なり
眼《まなこ》明らかなれば
則《すなわ》ち途《みち》に触れて皆宝なり

空海（真言宗の開祖／『性霊集』）

心に疑いや迷いがある時、欲に目がくらんでいる時は、巡り合うものはすべて禍いとなる。明るく前向きな気持ちの時、心が清らかな時は、出合うものすべてが宝となる。

253

人生で最も輝かしい時は、
いわゆる栄光の時ではなく、
むしろ落胆や絶望のなかで、
人生への挑戦と未来への完遂の展望が
わき上がるのを感じた時だ。

ギュスターヴ・フローベール（フランスの小説家）

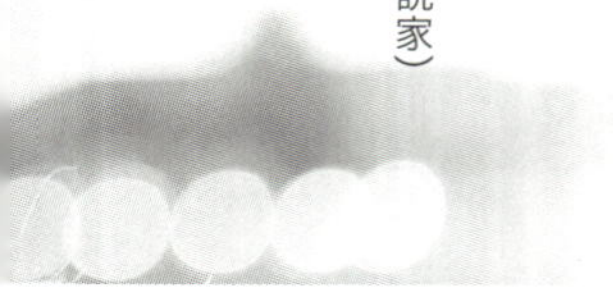

254

困難を予期するな。
決して起こらないかもしれないことに心を悩ますな。
常に心に太陽を持て。

ベンジャミン・フランクリン（アメリカの政治家）

起こるかどうかわからないことに心を煩わせるのは、時間と労力の無駄である。これまで、どれだけの予想が当たったというのか。くよくよと思い悩むより、楽観的でいたほうがいい。

255

希望は強い勇気であり、新たな意志である。

マルティン・ルター（ドイツの宗教改革者）

256

私がやってきたことの一切――それは今ここの現在のため、今この現在に生きてくれるように念じてなのだ。

パブロ・ピカソ（スペインの画家）

芸術には、過去もなければ未来もない。ピカソは、ただ今を生きるために絵を描いたのだ。

257

すべてが失われようとも、まだ未来が残っている。

クリスチャン・ボヴィー（アメリカの作家）

たとえ今はどん底にいるとしても、明日もそのままとは限らない。未来は、ここから描くことができるのだから。

258

生命のある限り希望はある。

ミゲル・デ・セルバンテス（スペインの作家）

259

希望は人を成功に導く信仰。希望がなければ、どんなことも成就しない。

ヘレン・ケラー（アメリカの社会福祉活動家）

ヘレン・ケラーは、どんな困難でも乗り越えられるという希望を持っていた。もし彼女が自分に絶望していたら、あれだけの輝かしい功績は残せなかっただろう。

学問には坦々たる
大道はありません。
そしてただ、
学問の急峻な山路を
よじ登るのに疲労困憊《ぱい》を
いとわない者だけが、
輝かしい絶頂を
きわめる希望を持つのです。

カール・マルクス（ドイツの哲学者・経済学者）

chapter

06

意志が
磨かれる

261

人の本当の値打ちというものは、
宝石でもなければ黄金でもない。
地位でもなければ名誉でもない。
ただ、信念の2文字である。

ソロモン（古代イスラエルの王）

262

私は運の存在を
強く信じている。
そして、その運というのは、
私が努力すればするほど、
私についてくるのがわかる。

トーマス・ジェファーソン
（アメリカの大統領）

運は天から降ってくるものではない。よく学び、努力を続けた人だけが、引き寄せることができる。

263

人間が唯一偉大であるのは、
自分を超えるものと
闘うからである。

アルベール・カミュ（フランスの作家）

勝ち負けは問題ではない。次の一手を考えることが大切なのだ。

264

求めよ、さらば与えられん。
探せよ、さらば見つからん。
叩けよ、さらば開かれん。

（新約聖書／「マタイによる福音書」）

265

神は、行動しない者には決して手を差し伸べない。

ソフォクレス（古代ギリシャの劇作家）

266

身の初心なるを顧《かえり》みることなかれ。

道元（曹洞宗の宗祖／『正法眼蔵随聞記』）

新人だから、初心者だからといって遠慮することはない。自分の中でやらない理由が見つかる前に、手を動かすのだ。

267

苦痛なくして勝利なし。
いばらなくして王座なし。
苦患なくして栄光なし。
受難なくして栄冠なし。

ウィリアム・ペン（アメリカ・フィラデルフィア市建設者）

成し遂げようとするものが大きいほど、途中にはさまざまな苦労が待ち受けている。その坂を登りきったところに、違う坂が続いているかもしれない。しかし、あきらめずに挑み続けた者だけが、その先の景色を見ることができる。

268

もし、あなたが成功したいのであれば、
踏みならされ受け入れられた
成功の道を進むのではなく、
新たな道を切り開きなさい。

ジョン・ロックフェラー（アメリカの実業家・石油王）

ロックフェラーは、貧しい家に生まれ、雑用係から石油王に上りつめたアメリカンドリームの体現者。彼の成功の秘訣は、人がやっていないことをやったからに他ならない。人と同じことをしているだけでは、人と同じ結果さえも得られない。

269

勝つ、と決めた者が勝つ。
勝ってみせるという一念が
強い者が勝つ。

エレン・ケイ（スウェーデンの思想家）

思いが強いほど、勝利はその手に引き寄せられる。やり抜く気持ちが揺るがないのであれば、ゴールするまでの道のりは、すべて途中経過にすぎない。

270

苦は楽の種、
楽は苦の種と知るべし。

徳川光圀（水戸藩主／壁書）

271

木を切り倒すのに
6時間もらえるなら、
私は最初の4時間を
斧を研ぐことに費やしたい。

エイブラハム・リンカーン（アメリカの大統領）

手順をきちんと組み立ててから動かないと、どんなに優れた人や道具をもってしても、事を成すことはできない。

272

意志あるところに、道は開ける。

エイブラハム・リンカーン（アメリカの大統領）

273

思いは花であり、
言葉は芽であるが、
その後に現実の実践という
実をつける。

ラルフ・W・エマソン（アメリカの思想家）

夢が見事な花をつけ実を結ぶまでには、時間という肥料と、汗という水が必要だ。まずは、目指すところの素晴らしさを言葉に表し、仲間を集めよう。それぞれが愛情を込めて水をやれば、あっという間に芽が出るだろう。芽が出れば、あとは実を結ぶまで、丹念に水を与え続けることだ。

274

上にのびる事をのみ欲するな。まず下に食い入ることを努めよ。

和辻哲郎（哲学者／『樹の根』）

275

人間は自由であり、常に自分自身の選択によって行動すべきものである。

ジャン＝ポール・サルトル（フランスの哲学者）

自由とは、好き勝手にやるということではない。自由には責任が伴う。

276

至誠にして

動かざる者は

未《いま》だ之《こ》れ有らざるなり。

孟子（中国の儒学者）

心を込めて尽くせば、相手には必ず伝わる。心を込めて尽くしても伝わらない相手は、そもそもそういう心の持ち主なのだから、それ以上あなたが努力する必要はない。

277

人間の仕事は、
ただ自分の秩序を乱さないことにある。
それはちょうど、
斧がいつも磨かれて
ピカピカ光っていなければならないのと
同じことである。

レフ・トルストイ（ロシアの小説家）

278

確立した目的を持つ人間は、
それを実現せねばならない。
その実現のため、
実在しようとする意志に対しては
何も抵抗し得るものではない。

ベンジャミン・ディズレーリ（イギリスの首相）

ディズレーリは、二度にわたって首相を務めた。スエズ運河の買収、インド帝国の成立などを次々と実現し、イギリスに繁栄をもたらした。

279

笑われるのを恐れるよりは
心にないことを言うのを
恐れなければいけない。

武者小路実篤（作家／『幸福者』）

自分を隠し、押し込め、まわりにおもねっていないか。自分を偽ることはやめ、自分自身を生きよ。

280

苦悩を突き抜けて
歓喜にいたれ。

ルートヴィヒ・V・ベートーヴェン（ドイツの作曲家）

281

世の人は　我を何とも言わば言え
我が成すことは　我のみぞ知る

坂本龍馬（土佐藩郷士）

まわりの目や世間の声などをいちいち気にしていては、何事も成し遂げることはできない。

282

人の事を云わんよりは
我が非を顧《かえり》みよ。

楠木正成《くすのきまさしげ》（鎌倉時代の武将／「楠公家訓」）

283

間違ったことをして、
それに苦しむことの
できない人間ほど、
何度も間違ったことを
くり返す。

ラ・ロシュフコー（フランスのモラリスト）

目を背けてしまったら、きっとまた同じことを起こすだろう。つらい気持ちになるから、取り返しがつかないことをしてしまったと思うから、二度と同じことをくり返さないのだ。

284

自分に打ち克《か》つことは勝利のうち最大のものである。

プラトン（古代ギリシャの哲学者）

285

**怒るな　愚痴をこぼすな
過去を顧《かえり》みるな　望みを将来に置け
人のために善をなせ**

大隈重信（総理大臣／「長生五箇条」）

どうせなら、少しでもポジティブなことを考えたほうがよい。マイナスなことを考えている時間をすべてプラスに置き換えたら、前に進もうとする力は2倍になる。

286

**金を失うことは小さなことである。
信用を失うことは大きなことである。
しかし、勇気を失うことは、
すべてを失うことである。**

ヨハン・W・v・ゲーテ（ドイツの作家）

自信は、失敗しないと生まれない。信用は、成功することで生まれる。しかし、勇気は自分の気持ちひとつで、誰もがいつでも持つことができる。

287

人の心は
パラシュートのようなものだ。
開かなければ使えない。

ジョン・オズボーン（イギリスの劇作家）

いつまで昔のことを引きずっているのだ。いつまでヘソを曲げているのだ。傷はもう癒えているはずだ。あとは、あなたが心を開くだけだ。

288

我々は皆　心理のために闘っている。
だから孤独なのだ。さびしいのだ。
しかし、だから強くなれるのだ。

ヘンリック・イプセン（ノルウェーの劇作家）

多数派が正しいとは限らない。自分が正しくて、まわりが間違っていることもある。自分の頭で判断し、自分が正しいと思ったことをやれば、結果がどうあれ納得はできる。

289

正しいと思ったら、
どんな強い者にも負けるな。

下村湖人《こじん》（小説家／『次郎物語』）

290

みずからを向上しようと
試みることが必要である。
この意識は、生きている限り
持続すべきである。

クリスティーナ女王（スウェーデンの女王）

291

年寄りは若いうちから貯金しろと言うが、それは間違いです。自分に投資しなさい。私など40歳になるまで1ドルも貯めたことなどないのですから。

ヘンリー・フォード
（アメリカの実業家・フォードモーター社の創業者）

稼いだお金を増やす方法をせっせと考えるくらいなら、自分に投資せよ。そのほうが、よっぽど大きなリターンを得ることができる。

292

死なんと戦えば生き、生きんと戦えば必ず死するものなり。

上杉謙信（戦国大名／壁書）

死ぬ気で戦えば生き残り、生き残ろうとして戦えば死ぬ。勝負事には、常に全力で臨め。

293

短所は、裏返せば長所となる

未詳

294

人間は、ひとくきの葦《あし》にすぎない。自然の中で最も弱いものである。だが、それは考える葦である。

ブレーズ・パスカル（フランスの哲学者）

考えることこそ、人間の最大の武器だ。身ひとつで野原に立っていたら、人間はあっという間に他の生き物にやられてしまう。しかし、弱さを自覚しているがゆえに、自らの力を高める工夫を重ねてきた。だから、考え続けることを止めてはいけない。

295

「できるか」と聞かれたら、すぐに「もちろん」と答えること。それから懸命にやり方を見つければいい。

セオドア・ルーズベルト（アメリカの大統領）

チャンスは、手に入れた時にどうするかを考えていたのでは遅い。舞い上がって判断を誤ることもある。だからこそ、普段からあれこれと頭に描いていることが大切なのだ。

296

上り坂と下り坂は、ひとつの同じ坂である。

ヘラクレイトス（古代ギリシャの哲学者）

297

すべての人は世界を変えたいと思っているが、自分を変えようとは思っていない。

レフ・トルストイ（ロシアの小説家）

世界が変われば、価値も基準も変わる。それに気づかずに、ひとつのことにとらわれているあなたは、どれだけ格好悪いことか。

298

乗りかけた船にはためらわずに乗ってしまえ。

イワン・ツルゲーネフ（ロシアの作家）

299

医学の道を極めたければ、雨のしずくのように生きなさい。

緒方洪庵（医師・蘭学者）

努力というのは、頭で必要とわかっていても、なかなかできるものではない。たとえ理屈や根性で自分を説き伏せたとしても、最後に必要なのは「いかに好きか」という、あなたの熱意だ。

300

人は、「どのように答えるか」より、「どのような問いをするか」によって判断すべきである。

ヴォルテール（フランスの哲学者）

人は「問い」を発する。それは他者を、自分を、世界をわかりたいという思いによって発せられるものである。だから、その人の「答え」ではなく「問い」を見つめる。すると、その人が世界をどう捉え、解釈しようとしているのかが見えてくる。

301

総じて人は己《おの》れに克《か》つをもって成り、自ら愛するをもって敗るるぞ。

西郷隆盛（薩摩藩士／『南洲翁遺訓』）

302

不決断こそ、最大の害悪である。

ルネ・デカルト（フランスの哲学者）

右でも左でもいい、選んだ先に道が生まれる。立ち止まっていては、死ぬまでどこにも辿りつけない。右でも左でもいい。選ぶことを、選べ。

303

自分一人で石を持ち上げる気がなかったら、二人がかりでも石は持ち上がらない。

ヨハン・W・v・ゲーテ（ドイツの作家）

304

進まざる者は必ず退き、退かざる者は必ず進む。

福沢諭吉（啓蒙思想家／『学問のすゝめ』）

やるべきことは、わかっているだろう。誰かに決めてもらうのではなく、あなた自身で決めるのだ。それが、自分に対する礼儀だ。

305

己自身と闘うことこそ最も困難な闘いであり、己自身に打ち克《か》つことこそ最も素晴らしい勝利である。

フリードリッヒ・フォン・ローガウ（ドイツの詩人）

一気にやろうとするから苦しいのだ。わんこそばのように「あと一杯」「あと一杯」と少しづつ、手が届きそうな目標で自分を騙しながら進めていけば、おのずと達成できる。

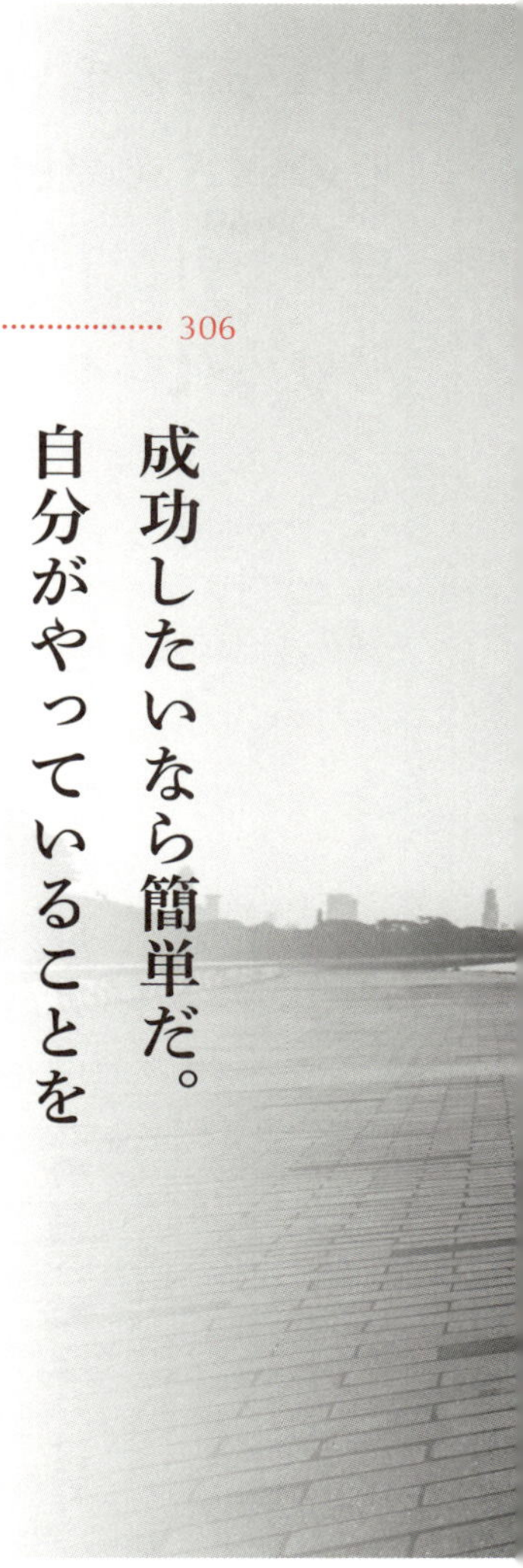

306

成功したいなら簡単だ。
自分がやっていることを
理解し、惚れ込み、
そして信じればいい。

ウィル・ロジャース（アメリカのコメディアン）

307

私は意志が弱い。その弱さを克服するには、自分を引き下がれない状況に追い込むことだ。

植村直己（冒険家）

「どうして自分はいつもこうなんだろう」で終わらせていては駄目だ。「そんな自分をどうすれば変えられるか」というあと一歩があれば、あなたの世界は変わる。

308

心の内で達成した物事は、外の現実を変えていく。

プルタルコス（古代ローマの著作家）

309

為せば成る なさせば成らぬ何事も 成らねば人の為さぬなりけり。

上杉鷹山《ようざん》（米沢藩主／「遺訓」）

あなたは、まだスタートラインにさえ立てていないということに、早く気づいたほうがいい。

310

憎しみ、壊すことは、たやすいこと。築いていくこと、大切にすることが、はるかに困難なのです。

エリザベス2世（イギリスの女王）

今あるものを壊すことは、いつでもできる。だが、0から何かを作り上げたり、それを守ることはとても難しい。築きあげた時の気持ちを忘れないようにしたい。

311

このまま行けと、僕の中の僕が命じるんだ。

フィンセント・ファン・ゴッホ（オランダの画家）

312

**挑戦をあきらめてしまうこと以外に
敗北などない。
自分自身の心の弱さ以外に、
乗り越えられない障害などないのである。**

エルバード・ハバード（アメリカの作家）

どうしても手に入れたいのであれば、決してあきらめないことだ。何度失敗しても挑戦することをやめなければ、成功への道は潰えることはない。雨だれも、長い時間をかければ石を穿つ。ひとつのことに食らいついて継続すれば、願いは叶う。

313

たとえ今日
世界が終わるとしても、
私は今日、
リンゴの木を植えるだろう。

マルティン・ルター（ドイツの宗教改革者）

chapter

07

人生が輝く

314

あなたにできること、
あるいはできると夢見ていることが
あれば、今すぐ始めなさい。
向こう見ずは天才であり、
力であり、魔法です。

ヨハン・W・v・ゲーテ（ドイツの作家）

315

毎晩眠りにつくたびに、私は死ぬ。そして翌朝目を覚ます時、私は生まれ変わる。

マハトマ・ガンディー（インドの独立運動家）

人生はマラソンのようなものだ。長い距離を走るから、ケガをしたり、疲れたりすることもあるだろう。そのたびに「もう少しうまくできたはず」などと反省ばかりしていては、走りきる前に嫌になってしまう。今日は今日、明日は明日。

316

正しく強く生きるとは銀河系を自らの中に意識してこれに応じて行くことである。

宮沢賢治（詩人・童話作家／『農民芸術概論綱要』）

何が正しいとか間違っているとか、いくら考えても答えは出ない。当たり前のことを、当たり前のようにするだけだ。それは、ひいては、他人をも幸せにする。

317

人生はイチゴの味がする。

アラン（フランスの哲学者）

318

あなたは翼を持っている。それを使うことを学び、そして、飛び立ちなさい。

ジャラール・ウッディーン・ルーミー（イランの詩人）

「変わり者」と言われても、「個性がある人」と言われても。どちらを採るかは、自分次第。

319

幸運の神様は、常に用意された人にのみ訪れる。

ルイ・パスツール（フランスの生化学者）

320

過去を変えることはできないし、
変えようとも思わない。
なぜなら人生で変えることができるのは、
自分と未来だけだからだ。

野口英世（細菌学者）

「あの時こうしていれば…」と悔やむことは、誰にでもある。しかし、ずっとそこに縛られていては何の前進も生まれない。自分が変われば、未来も変わる。

321

人生には「灰の時」と「炎の時」がある。なすべき何事もない時は、何もすべきではない。

アンリ・ド・レニエ（フランスの詩人）

もし、今は動くべきではないと感じるのであれば、それを受け入れることも選択肢のひとつ。

322

人生は後ろ向きにしか理解できないが、前向きにしか生きられない。

セーレン・キルケゴール（デンマークの哲学者）

323

何でも変わらないものはないのだ。旧《ふる》いものは倒れて新しいものが起きるのだ。

大杉栄（思想家／『自叙伝』）

324

晴れてよし
曇りてもよし　富士の山
もとの姿は　変わらざりけり

山岡鉄舟（剣術家）

たとえまわりから非難されようと、「この人は間違っていない」と淀みなく言える芯の強さを、あなたは持ち合わせているか。

325

高みにのぼる人は、
皆らせん階段を使う。

フランシス・ベーコン（イギリスの哲学者）

326

ひとりの人間にとっての
最大の発見、最大の驚きは、
自分にはできないと
思っていたことが、
実はできるのだと
知ることである。

ヘンリー・フォード
（アメリカの実業家・フォードモーター社の創業者）

理屈や数字だけを並べて、知った気になってはいやしないか。世の中も人間も、そんなにシンプルにはできていない。10年前20年前に、今の世の中や自分を想像できたか。

327

人間の魂に火がついたなら、
不可能は消滅するようにできている。

ラ・フォンテーヌ（フランスの詩人）

328

ものごとはね、
心で見なくてはよく見えない。
いちばん大切なことは、
目に見えない。

サン＝テグジュペリ（フランスの作家・『星の王子さま』著者）

他人は、あなたの見た目を気にしているのではない。見た目を気にしないあなたの心に、ひっかかっているのだ。「誰にも迷惑をかけていないからいいだろう」は、もうやめよう。

329

人生の意義は、
あなたが人生から逃れることなく、
何を与えるかなのです。
これがわかれば人生は豊かになります。

マーティン・ルーサー・キング（アメリカの公民権運動指導者）

ある人から受けた親切に恩返しをしたいのであれば、困っている他の誰かにするといい。それがバトンのようにつながっていったら、世の中はきっと幸せに満ちる。

何の準備もなく
突然の大雨に降られたとしても、
慌てふためくようなことが
あってはならない。
心を乱さず、
それを受け入れれば
苦しむことはない。

山本常朝《じょうちょう》（佐賀藩士／『葉隠』）

331

やったことは、
たとえ失敗しても、
20年後には笑い話にできる。
しかし、やらなかったことは、
20年後には後悔するだけだ。

マーク・トウェイン（アメリカの作家・『トム・ソーヤーの冒険』著者）

失敗を恐れて何もせずにいれば、後悔だけを抱えることになる。自分はどんな未来を望むのか、自問せよ。そして挑戦せよ。失敗も成功も人生の糧となる。

332

人生は、自分探しのために
あるのではない。
自分自身を築き上げて
いくためにある。

ヘンリー・D・ソロー（アメリカの作家）

本当の自分は、探して見つかるものではない。築いていくものだ。

333

来世は待つべからず、
往世は追うべからず。

荘子（中国の思想家）

334

私は、決して失望などしない。どんな失敗であろうと、新たな一歩となるからだ。

トーマス・エジソン（アメリカの発明家）

鯛《たい》は捨てるところがない。すべてを生かすことができる。人生におけるすべての失敗も同じで、成功に生かすことができる。

335

じっくり考えろ。ただし、行動する時が来たら、考えるのをやめて、進め。

ナポレオン・ボナパルト（フランス皇帝）

336

自分に欠けているものを嘆くのではなく、自分の手元にあるもので大いに楽しむ者こそ賢者である。

エピクテトス（古代ギリシャの哲学者）

欲にはきりがない。10万円を手に入れれば100万円が欲しくなるし、美人と付き合えばより性格のいい美人を探すようになる。自分にはあれもない、これもないと嘆くな。今、自分が手にしているものは何か。

337

人生における大きな喜びは、「できるわけがない」と人に言われたことをやってのけることである。

ウォルター・バジョット（イギリスの評論家）

338

人生は何事をも為さぬには余りに長いが何事かを為すには余りに短い

中島敦（作家／『山月記』）

「いつか」も「今度」も、絶対にやってこない。未来のことは正確に決めよ。

339

ランプがまだ燃えているうちに、
人生を楽しみたまえ。
しぼまないうちに、
ばらの花を摘みたまえ。

マルティン・ウステリ（スイスの詩人）

歳をとってからの10年を大切にするならば、若い時の10年を大切にしたほうがいい。楽しみにとっておいても、カビが生えていたり、歯が悪くなっていたりして、食べられないかもしれないのだから。

340

思いわずらうのはやめろ。
なるようになる。
すべてがなるようになる。
ただ人間は、
それを愛しさえすればよいのだ。

ロマン・ロラン（フランスの作家）

やりたいことなんてないし、人生なんて思いどおりにいくものではないと、半ばあきらめている。だったら、他人や偶然から与えられたことに全力を尽くしてみるのもいい。

341

最も強い者が生き残るのではない、
最も賢い者が残るのでもない。
唯一生き残るのは、変化する者である。

チャールズ・ダーウィン
（イギリスの自然科学者）

人生は常に変化する。窮地にさらされることもあるだろう。そんな時に力になるのは、強さや賢さではなく、状況に応じて動ける柔軟さだ。

342

人は、自分が決意した分だけ、
幸せになれるものだ。

エイブラハム・リンカーン（アメリカの大統領）

あなたの生活をシンプルにしていくと、
宇宙の法則もシンプルなものとなる。
孤独は孤独でなくなり、
貧しさは貧しさでなくなり、
弱さは弱さでなくなる。

ヘンリー・D・ソロー（アメリカの作家）

344

人生の意義は、「何をなすか」ではなく、「何をなそうと胸を焦がすか」である。

ハリール・ジブラーン
（レバノンの詩人）

立派なお墓を用意したり、自伝をまとめたり。死んだ後にいくら褒めてもらっても、その声を聞くことはできないのに。生きている今を大切にしないで、どうする。

345

あるのは目標だけだ。道はない。我々が道と呼んでいるものは、ためらいに他ならない。

フランツ・カフカ（チェコの作家）

目標や夢を見つけても、尻込みをすることなく進み続けるのは難しい。ただし、人生の時間切れは、すぐに来てしまう。迷っている暇はない。

346

人生は闘うがゆえに美しい。

ピエール・ド・クーベルタン
（フランスの教育者・近代オリンピックの創始者）

347

子ども叱るな来た道だもの
年寄り笑うな行く道だもの
来た道行く道ふたり旅
これから通る今日の道
通り直しのできぬ道

（妙好人《みょうこうにん》）

子どもが泣いたって、うるさくたって、いいじゃないか。若者が何も考えていなくたって、世間知らずだって、いいじゃないか。老人の話が長くたって、横柄だって、いいじゃないか。

348

運命は我々の行為の半分を支配し、ほかの半分を我々自身にゆだねる。

ニッコロ・マキャヴェリ（イタリアの思想家）

人生の半分は、自分以外の要素で決まっていく。それは逆に言えば、もう半分は自分の力でどうにでもなるということだ。

349

この世で変わらないのは、「変わり続ける」ということだけだ。

ジョナサン・スウィフト（アイルランドの刺繍作家）

350

人生で必要なものは
無知と自信だけだ。
これらがあれば、成功は間違いない。

マーク・トウェイン
（アメリカの作家・『トム・ソーヤーの冒険』著者）

常識を知らなかったからこそ革新的なビジネスを生み出し、できると思い込んでいたからこそ大きなプロジェクトを成し遂げる。成功するには、バランスのいい自分は必要ないのだ。

351

明日死ぬかのように生きろ。
永遠に生きるがごとく学べ。

マハトマ・ガンディー（インドの独立運動家）

352

何かが身に降りかかったら、
春がやってきたと思えばいい。
夏がやってきたと思えばいい。
秋がやってきたと思えばいい。
冬がやってきたと思えばいい。

白隠慧鶴《はくいんえいかく》（臨済宗中興の祖）

日本で暮らしていると、一年のうちでも暑さに耐えたり、寒さにふるえたり、さまざまな変化がある。生きることも同じだ。あなたのそのつらさを、その状況を、変化として味わおう。

353

人間にとって大切なのは、この世に何年生きているかということではない。この世でどれだけの価値のあることをするかである。

オー・ヘンリー（アメリカの小説家）

もしあなたが、何かを成し得る自信も力もないと感じるのであれば、あなたと同じ時代を生きた人たちから、「あなたに出会えてよかった」と言ってもらえる存在になればいい。

354

見ず聞かず言わざる三つのさるよりも思わざるこそまさるなりけれ

元三大師（比叡山中興の祖／「七猿歌」）

正しいのか間違いなのか。よかったのか悪かったのか。思い悩むくらいなら、初めから考えないのが一番。

355

世界を動かそうと思うなら、まずは自分自身を動かせ。

ソクラテス（古代ギリシャの哲学者）

356

笑って暮らすも一生
泣いて暮らすも一生

（ドイツの言葉）

357

人生という試合で
最も重要なのは、
休憩時間の得点である。

ナポレオン・ボナパルト（フランス皇帝）

皆が休んでいる時にせっせと頑張るから、その差は生まれるのだ。だから、寝る間も惜しいという人間は、当然成功するのだ。

358

人は死から目を背けているうちは、
自己の存在に気を遣えない。
死というものを自覚できるかどうかが、
自分の可能性を見つめて生きる
生き方につながる。

マルティン・ハイデガー（ドイツの哲学者）

死と向き合うことは、正直しんどい。しかし、死は誰にでもやってくる。だから、大切な人を大事にする。一分一秒を、惜しみなく生きる。

359

これは終わりではない。
終わりの始まりですらない。
しかし、これはきっと
始まりの終わりかもしれない。

ウィンストン・チャーチル（イギリスの首相）

どんなにシミュレーションを重ねて準備をしたり、計画を練り込んだりしても、実際にやってみなければわからないことばかり。頭だけで考えるのは、もうやめにしよう。

360

木《こ》っ端《ぱ》を拾うて
材木を流す

（日本のことわざ）

361

長い目で見れば、
努力をしない天才よりも、
才能のない努力家のほうが
多くのことを成し遂げる。

ジョン・ラボック（イギリスの銀行家）

偉人たちは皆、口を揃えて言う。「自分には才能などはない、天才ではない」と。

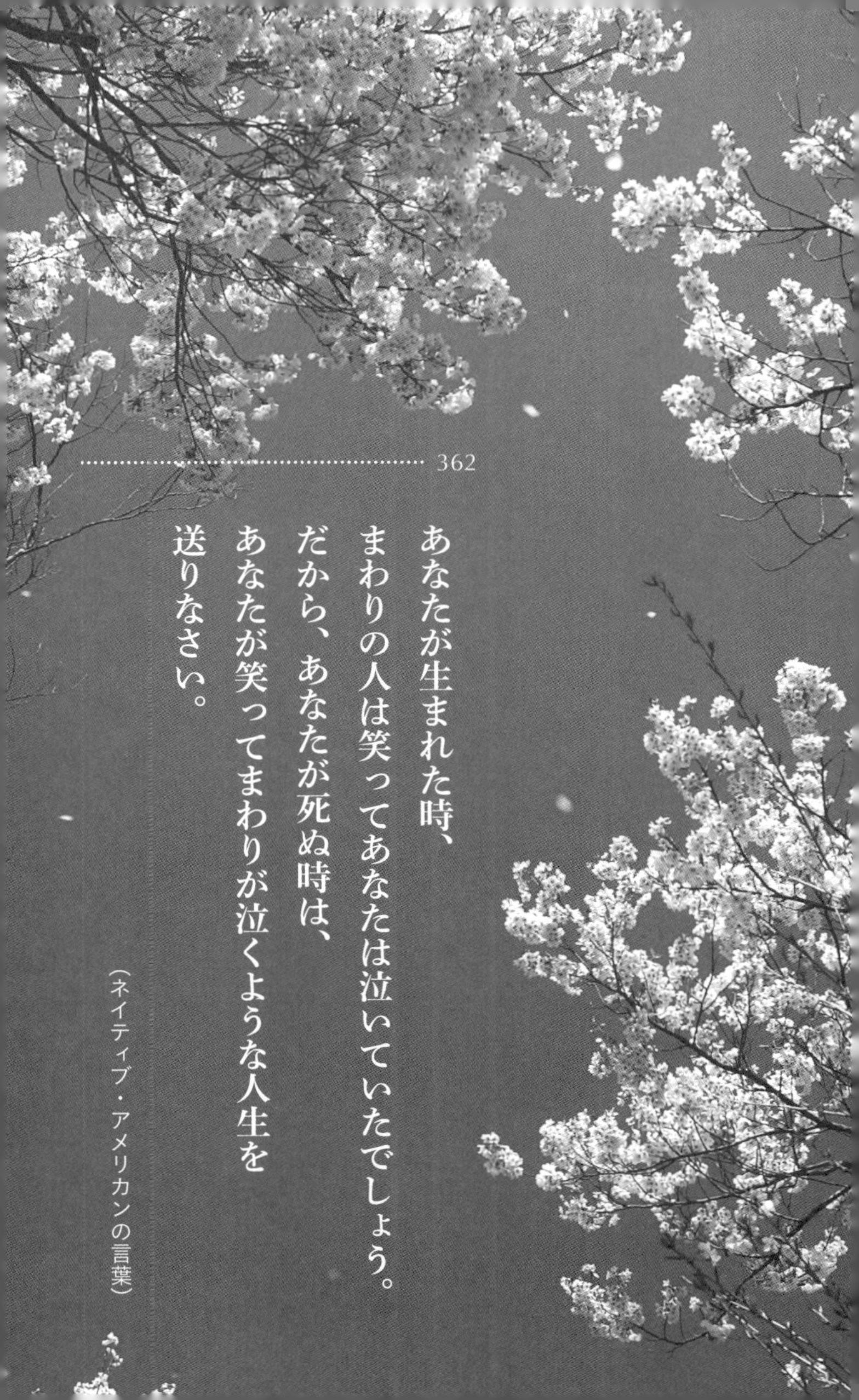

362

あなたが生まれた時、
まわりの人は笑ってあなたは泣いていたでしょう。
だから、あなたが死ぬ時は、
あなたが笑ってまわりが泣くような人生を
送りなさい。

（ネイティブ・アメリカンの言葉）

363

最大の名誉は、決して倒れないことではない。倒れるたびに起き上がることである。

孔子（儒教の開祖／『論語』）

痛みを知るから、起き上がり方を身につけるから、怖くなくなるのだ。

364

人は努力をしている限り、間違いを犯すものである。

ヨハン・W・v・ゲーテ（ドイツの作家）

365

あることを真剣に3時間考えて、自分の結論が正しいと思ったら、3年かかって考えてみたところでその結論は変わらないだろう。

フランクリン・ルーズベルト（アメリカの大統領）

間違っていたならば、結論を出し直せばいい。熟考することは大切なことだが、不用意に長引かせても、正しい答えが出るものでもない。

366

明日は、明日はと言って見たところで、そんな明日はいつまで待っても来やしない。今日はまた、またたく間に通り過ぎる。

島崎藤村（作家／『夜明け前』）

期待して待つくらいなら、自分から取りに行け。不安いっぱいに待つくらいなら、自分で答えを出してしまえ。

367

日の光をかりて照る大いなる月たらんよりは、自ら光を放つ小さき灯火《ともしび》たれ。

森鷗外（小説家／『知恵袋』）

自分という素材を磨かなければ、どんなに素敵な衣服や肩書きも自分を引き立ててはくれない。

368

人は失敗するためではなく、成功するために生まれてきた。

ヘンリー・D・ソロー（アメリカの作家）

369

何がしあわせかわからないです。
本当にどんなに辛いことでも、
それが正しい道を進む中の出来事なら
峠の上りも下りもみんな
本当の幸福に近づく一あしずつですから。

宮沢賢治（詩人・童話作家／『銀河鉄道の夜』）

[参考文献・団体]

『3秒でハッピーになる超名言 100』ひすいこたろう（ディズカヴァー・トゥエンティワン）／『アインシュタインにきいてみよう』アルベルト・アインシュタイン、弓場隆 訳（ディスカヴァー・トゥエンティワン）／『明日が変わる　座右の言葉全書』（青春出版社）／『イギリス国民の歴史』J.R.グリーン、和田勇一 訳（篠崎書林）／『運命の言葉』（日本ブックエース）／『オックスフォードの自分を変える 100 の教え』岡田昭人（PHP 研究所）／『革命家 100 の言葉』山口智司（彩図社）／『必ず出会える！人生を変える言葉 2000』（西東社）／『奇跡の人　ヘレン・ケラー自伝』ヘレン・ケラー、小倉慶郎 訳（新潮社）／『賢人たちに学ぶ　自分を磨く言葉』本田季伸（かんき出版）／『現代世界美術全集 14 ピカソ』（集英社）／『ことばの日めくり』レフ・トルストイ、小沼文彦 訳（日本キリスト教書販売）／『こども座右の銘』（メトロポリタンプレス）／『心に火をつける言葉』遠越段（総合法令出版）／『心に刻みたい　賢人の言葉』植西聰（あさ出版）／『サン＝テグジュペリの言葉』山崎庸一郎　訳（彌生書房）／『仕事観が変わる！ビジネス名言 550』（西東社）／『資本論』カール・マルクス、向坂逸郎 訳（岩波書店）／『自助論』サミュエル・スマイルズ、竹内均 訳（三笠書房）／『自省録』マルクス・アウレリウス・アントニヌス、神谷美恵子 訳（岩波書店）／『生命は』吉野弘（リベラル社）／『種の起源』チャールズ・ダーウィン、八杉龍一 訳（岩波書店）／『新潮世界文学 48』アルベール・カミュ、高畠正明 訳（新潮社）／『人生の教養が身につく名言集』出口治明（三笠書房）／『人生の指針が見つかる「座右の銘」1300』（宝島社）／『人生を動かす賢者の名言』（池田書店）／『世界の名言 100』遠越段（総合法令出版）／『存在と時間』マルティン・ハイデガー、細谷貞雄 訳（筑摩書房）／『小さなことにクヨクヨしなくなる 100 の言葉』植西聰（成美堂出版）／『父と子』イワン・ツルゲーネフ、工藤精一郎 訳（新潮社）／『チャーチル名言録』中西輝政 監修（扶桑社）／『ドン・キホーテ』ミゲル・デ・セルバンテス、牛島信明 訳（岩波書店）／『どん底』マクシム・ゴーリキイ、中村白葉 訳（岩波書店）／『人間的な、あまりに人間的な』フリードリヒ・ニーチェ、池尾健一 訳（筑摩書房）／『パンセ』ブレーズ・パスカル、前田陽一 訳、由木康 訳（中央公論新社）／『星の王子さま』サン＝テグジュペリ、河野万里子 訳（新潮社）／『マルテの手記』ライナー・M・リルケ、大山定一 訳（新潮社）／『毎日ポジティブになる！元気が出る言葉 366 日』（西東社）／『ミル自伝』J・S ミル、朱牟田夏雄 訳（岩波書店）／『名言名句の辞典』現代言語研究会（あすとろ出版）／『名言力　人生を変えるためのすごい言葉』大山くまお（SB クリエイティブ）／『「もうダメだ！」と思ったら読む本』（アントレックス）／『ユダヤ人ならこう考える！』烏賀陽正弘（PHP 研究所）／『勇気がもてる運命の言葉』植西聰（成美堂出版）／『リア王』ウィリアム・シェイクスピア、松岡和子 訳（筑摩書房）／『ルナール日記』ジュール・ルナール、岸田国士 訳（新潮社）／『若きウェルテルの悩み』ヨハン・W・v・ゲーテ、竹山道雄 訳（岩波書店）／植村直己冒険館 ほか

[写真提供]

kzww/Shutterstock.com、Victority/Shutterstock.com、Nejron Photo/Shutterstock.com
Wolkenengel565/Shutterstock.com、Panomphon Damri/Shutterstock.com
KristinaSh/Shutterstock.com、sezer66/Shutterstock.com、J Paulson/Shutterstock.com
Bogdan Sonjachnyj/Shutterstock.com、Elenamiv/Shutterstock.com
FotoDuets/Shutterstock.com、LiliGraphie/Shutterstock.com
Maxim Apryatin/Shutterstock.com、Maria Timofeeva/Shutterstock.com
ChiccoDodiFC/Shutterstock.com、siam.pukkato/Shutterstock.com
Mathisa/Shutterstock.com、Anton Jankovoy/Shutterstock.com
Roberts Vicups/Shutterstock.com、Donovan van Staden/Shutterstock.com
GNT STUDIO/Shutterstock.com、Csaba Peterdi/Shutterstock.com
Carlos Amarillo/Shutterstock.com、Haywiremedia/Shutterstock.com
BrAt82/Shutterstock.com、Suzanne Tucker/Shutterstock.com
Jasmine_K/Shutterstock.com、Master1305/Shutterstock.com
Triff/Shutterstock.com、Gajus/Shutterstock.com、Izf/Shutterstock.com
Almaran/Shutterstock.com、argus/Shutterstock.com、Kirk's Captures/Shutterstock.com
mssy/Shutterstock.com、Starry Wang/Shutterstock.com、Roman Sigaev/Shutterstock.com

装丁デザイン　冨澤崇（EBranch）
本文デザイン　渡辺靖子（リベラル社）
編集　山田吉之・上島俊秀（リベラル社）
編集協力　山崎香織
編集人　伊藤光恵（リベラル社）
営業　津田滋春（リベラル社）

編集部　堀友香・高清水純
営業部　津村卓・廣田修・青木ちはる・榎正樹・澤順二・大野勝司

心に火を灯す 賢人の名言

2018年10月29日　初版
2020年　3月26日　再版

編　集　リベラル社
発行者　隅田　直樹
発行所　株式会社 リベラル社
〒460-0008　名古屋市中区栄3-7-9　新鏡栄ビル8F
TEL 052-261-9101　FAX 052-261-9134
http://liberalsya.com

発　売　株式会社 星雲社（共同出版社・流通責任出版社）
〒112-0005　東京都文京区水道1-3-30
TEL 03-3868-3275

ISBN978-4-434-25269-3

20901